Negritude sem identidade

Negritude sem identidade
Sobre as narrativas singulares das pessoas negras
Érico Andrade

© Érico Andrade
© n-1 edições, 2023
ISBN 978-65-81097-75-2

Embora adote a maioria dos usos editoriais do âmbito brasileiro, a n-1 edições não segue necessariamente as convenções das instituições normativas, pois considera a edição um trabalho de criação que deve interagir com a pluralidade de linguagens e a especificidade de cada obra publicada.

COORDENAÇÃO EDITORIAL Peter Pál Pelbart e Ricardo Muniz Fernandes
DIREÇÃO DE ARTE Ricardo Muniz Fernandes
ASSISTÊNCIA EDITORIAL Inês Mendonça
GESTÃO EDITORIAL Gabriel de Godoy
PREPARAÇÃO Fernanda Mello
REVISÃO Gabriel Rath Kolyniak
EDIÇÃO EM LaTeX Guilherme Araújo
IMAGEM DE CAPA Eustáquio Neves
CAPA Gabriel de Godoy

A reprodução parcial deste livro sem fins lucrativos, para uso privado ou coletivo, em qualquer meio impresso ou eletrônico, está autorizada, desde que citada a fonte. Se for necessária a reprodução na íntegra, solicita-se entrar em contato com os editores.

1ª edição | Setembro, 2023

n-1edicoes.org

Negritude sem identidade

Sobre as narrativas singulares das pessoas negras

Érico Andrade

SUMÁRIO

9 Agradecimentos

13 Prefácio

21 Negritude como uma experiência subjetiva: do pardo ao negro

29 Raça e modernidade: a criação do negro na filosofia

89 O fantasma do racismo na constituição da experiência subjetiva da negritude: sofrimento, resistência e alegria

119 Do pardo ao preto: por uma subjetividade reenegrecida e singularizada

155 Posfácio

159 Referências bibliográficas

Para que a nossa esperança
Seja mais que vingança
Seja sempre caminho
Que se deixa de herança

IVAN LINS

Para os meus filhos Heitor e Caetano, sempre

Mãe, eu sei quem atirou em mim, eu vi quem atirou em mim. Foi o blindado, mãe. Ele não me viu com a roupa de escola?

MARCOS VINÍCIUS, morto aos 14 anos de idade pela polícia no Rio de Janeiro

Para Érico Andrade (sub-raça)
... escrevendo essas míseras palavras para alguém de quem eu posso realmente confiar e não é um mísero, apesar de negro. Boa piada!

CARTAS DE AMIZADE NA DÉCADA DE NOVENTA DIRIGIDAS A MIM

Dum lado cana-de-açúcar
Do outro lado o cafezal
Ao centro, senhores sentados
Vendo a colheita do algodão branco
Sendo colhidos por mãos negras
Eu quero ver
Eu quero ver
Eu quero ver
Quando Zumbi chegar
O que vai acontecer
Zumbi é senhor das guerras
É senhor das demandas
Quando Zumbi chega é Zumbi
É quem manda

JORGE BEM JOR

AGRADECIMENTOS

Agradeço aos movimentos negros que abriram os caminhos para os nossos corpos estarem nos lugares de aparecimento; agradeço a toda intelectualidade negra com a qual dialogo e espero também manter o legado; agraço ao CNPq pelo financiamento público da minha pesquisa; agradeço às pessoas estudantes que caminham comigo na mesma roda; agradeço às dicas constantes de leitura de Felipe Campello; às ponderações instigantes e brilhantes de Alexandro Jesus; às "orientações" de Cibele Barbosa, quanto às questões de história e sobre a História; a leitura atenta do meu colega Marcos Silva, de uma das versões do livro; agradeço a minha revisora de português Elisandra Pereira, e ao meu colega Federico Sanguinetti que leu duas versões do livro e me ajudou muito com o primeiro capítulo. Agradeço à Isildinha Baptista Nogueira pelo generoso e delicado prefácio, e a Renato Noguera, pelo preciso e essencial posfácio; agradeço à Vanessa Marques, com quem me reconheço mais negro.

PREFÁCIO

por Isildinha Baptista Nogueira[1]

Quando Érico Andrade me convidou para fazer o prefácio de seu livro *Negritude sem Identidade: sobre as narrativas singulares das pessoas negras*, sendo essa escrita, a princípio, a partir da filosofia, pensei que não teria elementos para dialogar com este trabalho, sendo eu uma psicanalista.

Mas à medida que fui lendo, ainda que não me visse com instrumentos para dialogar filosoficamente, deparei-me com uma escrita autobiográfica, cujas *vivências* e emoções contidas ao longo do *livro* eram-me claras e absolutamente transparentes. Ali enxerguei o sujeito que transcendia o discurso filosófico e falava de si num mundo onde a brancura é o parâmetro de humanidade, e ser branco é ter as condições para atingi-la, e ser negro é sempre estar à margem num eterno devir de *exclusão*, sem um lugar.

Um livro autobiográfico, ousado e instigante. O mundo da filosofia é fascinante; ao mesmo tempo que Érico denuncia a *brancura* da filosofia e os filósofos racistas, ele traça um raciocínio complexo, partindo da fenomenologia para pensar uma questão que o atravessa tão profundamente, e se expõe como forma de entender e elaborar o que é ser atravessado pelo racismo que *corrói* corpos e sonhos há séculos, sem que nada seja feito para interditar esse crime praticado tacitamente no silêncio da indiferença, num exercício contínuo e surdo para a nossa dor, a dor de *corpos negros*.

---

1. Isildinha Baptista Nogueira é doutora em Psicologia do Desenvolvimento Humano pela Universidade de São Paulo (usp), psicanalista com formação nas Ateliers de Psychanalyse, em Paris, e Professora do Instituto Sedes Sapientiae.

O corpo negro racializado cumpre e está à mercê da fantasia de que existem raças superiores umas às outras, sustentando o falso raciocínio "pretensamente científico" de que existe uma diferença biológica entre seres humanos. A biologia, como uma das áreas de conhecimento da natureza humana, explicaria e justificaria uma falsa diferença mantenedora da desigualdade que sustentou a perversa fantasia de que somos todos iguais. Freud[2] nomeou essa perversa fantasia como Narcisismo das pequenas diferenças; a aceitação do outro não ocorre de forma automática; muitos obstáculos se opõem ao reconhecimento do centro. A dificuldade de aceitar a alteridade se ancora nessa fantasia narcísica de que todos possam ser iguais, tornando insuportável para o branco a diferença, como se algo ameaçasse sua integridade narcísica. Isto é, o reconhecimento dessa diferença colocaria a imagem corporal do branco em risco de se desintegrar, embora as pequenas diferenças não se sustentem na fantasia da afirmação do particular sobre o comum e o indiferenciado, precisamente porque as semelhanças existem entre brancos e negros, por pertencerem à categoria dos humanos.

As semelhanças entre brancos e negros são muitas; tudo que sustenta essa fantasia da diferença da origem, os sentimentos de estranheza e hostilidade entre os brancos e negros ocorrem. Não faltaram estudos na academia cujo objetivo era desumanizar os negros e compará-los à categoria dos animais, o que justificaria plenamente todos os horrores praticados pelos brancos.

O racismo, contrariamente ao preconceito, é a expressão da violência; é um ato, não uma interdição que se coloca a priori, como forma de proteger seja lá o que for.

Dentro desse universo de terror, mesmo que o negro acredite conscientemente que tais ameaças racistas não se cumprirão, o pavor não desaparece, porque ele traz no corpo o significado que

---

2. Freud, S. (1930). O mal-estar na civilização e outros textos. In: Freud [1930-1936]. *Obras completas vol. 18*. São Paulo: Companhia das Letras, 2010, pp. 81-178.

incita e justifica para o outro a violência racista. É justamente porque o racismo não se formula explicitamente, mas antes sobrevive num dever interminável enquanto uma possibilidade virtual que o terror de possíveis ataques (de qualquer natureza, desde física a psíquica) por parte dos brancos, cria para o negro uma angústia que se fixa na realidade exterior e se impõe inexoravelmente.

Ainda que o negro lance mão de um arsenal lógico e possa considerar as ameaças racistas grotescas e absurdas incabíveis legalmente, já que criminosas em termos de direitos civis, é mais forte que ele: o negro acaba sempre por sucumbir a todo um processo inconsciente que, alheio à sua vontade, entrará em ação.

Do olhar do outro, um estereótipo se constrói; logo somos aprisionados no corpo negro, tornando tal estereótipo uma realidade psicológica; a mancha negra é a marca da imperfeição, o signo que atravessa os mais diferentes códigos sociais, pois o sentido que porta será sempre o da exclusão. O negro trava uma luta eterna para ser incluído; no limite, a inclusão nunca é obtida, porque o corpo negro sempre permanecerá como marca da exclusão.

Érico traz uma questão importante ao pensar o corpo negro, o que entendemos por colorismo, o drama dos negros de pele clara que vivem a difícil realidade de não serem negros retintos, tanto vistos pelos negros como não negros, mas com todas as vantagens de terem corpos mais claros, com maior passabilidade entre os brancos, ideia sustentada por uma fantasia de que seria possível clarear os negros até que todo povo brasileiro fosse branco; um pensamento que esteve a serviço da manutenção do racismo.

Mas, ao mesmo tempo, o negro de pele clara não é branco para os brancos; é como viver em estado de "suspensão" permanente, uma justaposição da falta de lugar, que se sobrepõe ao fato de, a priori, ser discriminado por não ser branco nem negro.

Como ter uma identidade quando não se tem semelhança possível nem com brancos nem com negros?

O indivíduo branco pode se reconhecer em um de nós em relação ao significante "corpo branco" e, consequentemente, com os atributos morais e intelectuais que tal aparência expressa, na linguagem da cultura e que representam aquilo que é investido das excelências do sagrado; o negro, no entanto, é aquele que traz a marca do "corpo negro", que expressa escatologicamente o repertório do execrável que a cultura afasta pela negativização.

O negro preso às malhas da cultura trava uma luta infinda na tentativa de configurar-se como indivíduo no reconhecimento de um "nós"; seu corpo negro, socialmente concebido como representando o que corresponde ao excesso no olhar do branco, um outro que extravasa. Para o negro, seu corpo é a marca que, a priori, exclui os atributos morais e intelectuais associados ao centro do negro ao branco: o negro vive cotidianamente a experiência de que sua aparência põe em risco sua imagem de integridade.

Se a cultura lhe atribui uma natureza, que é da ordem do inaceitável, esses sentidos são introjetados pelo negro e vão, necessariamente, produzir configurações psíquico-particulares, como a destruição de sua identidade de negro. A violência racista que exerce o branco se sustenta na desconstrução e destruição da identidade do negro.

A identidade do sujeito depende, em grande parte, do corpo ou imagem corporal eroticamente investida, isto é, a identidade depende da relação que o sujeito cria com o próprio corpo. O negro, no entanto, ao ter consciência do racismo, inconscientemente desenvolve um processo de perseguição e destruição ao seu corpo próprio. Em função dessa consciência que o sujeito negro passa a controlar, observar e vigiar o corpo que se opõe à construção da identidade branca, que foi obrigado a desejar. Como diz meu amigo Kabengele Munanga, iminente antropólogo, professor da Universidade de São Paulo: "O racismo é um crime perfeito, quando não nos matam, nos matamos, por não suportarmos a dor permanente da exclusão".

Érico dialoga com vários autores, e pensar processos inconscientes dos quais não temos o controle não é tarefa fácil. Mas falarmos deles é irmos nos conscientizando desses processos, e criarmos possibilidades de buscar caminhos que nos ajudem a desconstruí-los e a construirmos novas narrativas e imagens no fortalecimento das estruturas psíquicas de nós, os negros.

Desde o lugar da filosofia, Érico constrói um discurso, produção de conhecimento para nós negros, que nos liberta de uma concepção de um "negro" construído para reafirmar a perversa fantasia de que não podemos ter um lugar num universo, construído por brancos para brancos, à custa da exploração e espoliação dos negros, uma falsa concepção de que somos seres inferiores aos brancos.

O livro *Negritude sem Identidade: sobre as narrativas singulares das pessoas negras* nos fala não só das injustiças históricas com os negros, mas também que, obviamente a filosofia, a psicanálise e todas as outras áreas do conhecimento humano não terão jamais uma receita que porá fim às consequências nefastas do racismo para negros e brancos. Mas é sem dúvida uma contribuição importante, que nos aponta as dificuldades, desafios e a complexidade que envolve pensarmos o racismo em todas as facetas que constituem o tecido social. Uma discussão potente e singular na desconstrução do racismo, fortalecendo-nos à luta antirracista desde a filosofia, ainda que o discurso racista de alguns filósofos tenha contribuído para a sua manutenção.

Érico traz uma lufada de esperança de que podemos construir um outro discurso filosófico que nos ajude a desconstruir o racismo.

NEGRITUDE COMO UMA EXPERIÊNCIA SUBJETIVA[1]

Do pardo ao negro[2]

Uma das principais características do racismo é justamente retirar dos povos o direito de construir uma autoimagem legítima.[3] O que pretendo mostrar neste livro é que o racismo também sequestra das pessoas negras a possibilidade de narrar a experiência singular de suas vidas por lhes constranger sempre a tecerem uma narrativa de si como resposta ao que a branquitude impõe.[4] Um dos maiores legados do colonialismo é determinar, por meio de critérios raciais, os únicos modos legítimos do dizer de si ou de relatar a si mesmo.

1. Não será estranho encontrar partes avulsas deste livro publicadas eventualmente em algum artigo de minha autoria.

2. Sobre as questões da corporeidade eu recorro muita à obra de Merleau-Ponty. Em uma das principais páginas de Fenomenologia da Percepção encontramos uma passagem necessária para o que aqui proponho: "O uso que um homem fará de seu corpo é transcendente em relação a esse corpo enquanto ser simplesmente biológico" (Merleau--Ponty, 1996, p. 257). O transcender, paradoxalmente, é se reconhecer imanente. É a tomada da consciência de que o corpo é uma região de significados e denota uma história sobre si mesmo. Transcender, neste contexto, não é se projetar para fora, mas compreender a intencionalidade das experiências do corpo que somos. No meu caso, falo como um corpo negro que ao longo deste livro traçará uma história dessa corporeidade e os significados por ela articulados como uma narrativa possível de si mesmo que não se reduz ao racismo.

3. Esta discussão remete à pesquisa que inicialmente realizei e que resultou na publicação do meu artigo: "A opacidade do iluminismo: o racismo na filosofia moderna" (Andrade, 2017), no qual mostrei como a ideia de um "sistema" filosófico serviu de lastro epistêmico para que a filosofia contribuísse para a produção do racismo.

4. Sigo a definição de branquitude de Willian Luiz da Conceição, segundo a qual a "branquitude passou a ser abordada como fenômeno histórico, interseccional, relacional, um lugar estrutural de vantagem e privilégio, baseado em práticas e identidades culturais não necessariamente marcadas ou fixas, mas nas quais a brancura opera como valor simbólico e material" (Conceição, 2017, p. 53). Sobre a complexidade e abrangência do conceito de branquitude, recomendo a leitura do livro *O pacto da branquitude*, de Cida Bento, 2022.

Com efeito, o discurso racista se instituiu com a prerrogativa de articular as concepções de identidade, imagem e representação, de modo a imprimir no corpo negro uma homogeneização a fim de censurar uma narrativa própria de si. O racismo é, sobretudo, um discurso ideológico, como dizia Neuza Santos Souza, que assegura ao branco o monopólio sobre as formas de narrar a si mesmo e os modos de homologar essa narrativa quanto à sua legitimidade.[5] Ou seja, o racismo é quando a palavra cala o que não é espelho. Nesse horizonte, as pessoas negras estariam fadadas a se narrar pelos moldes que a branquitude lhes impôs.

Em *Tornar-se negro*, Neusa Santos Souza mostra como o racismo estruturou a própria narrativa de si mesmo das pessoas negras. Fanon já tinha pontuado as formas mais sofisticadas do racismo, que incluem a determinação da branquitude como o único modo de ser autônomo e racional, numa palavra: humano. Segundo o autor, a negritude é atravessada por códigos que não apenas lhe são estranhos, mas também violentamente impostos como a única forma de as pessoas negras se subjetivarem como humanas – uma espécie de violência epistêmica, sobre a qual discorrerei ao longo deste livro.[6]

Não obstante, as questões que Neusa Santos Souza aporta incidem naquilo que chamo de narrativa de si (relatar a si mesmo), pois mostram as formas pelas quais o racismo embota todas as narrativas singulares das pessoas negras. Ou seja, a construção social do racismo, que marca no corpo negro uma condição fantasmática de inferioridade em face do branco, imputa às pessoas negras uma narrativa de si eivada sempre por uma identidade indelével, imposta pela lógica colonial e que muitas vezes é reafirmada pela reação das pessoas negras.[7]

---

5. Souza, 2021.

6. Fanon, 2020.

7. Segundo Quijano, a colonialidade do poder se realiza na forma de controle da economia, autoridade, gênero e do conhecimento (Quijano, 2000). Lugnes (2008) reorienta esse conceito para um aprofundamento nas questões de gênero. Meu livro pode ser lido numa chave decolonial ou de crítica à colonialidade desde que seja observada a indicação,

Assim, a identidade impressa nos corpos negros é carregada por uma narrativa que pretende homogeneizar, condicionar e controlar a existência e a experiência pessoal e coletiva desses corpos.[8] A identidade funciona socialmente, por um lado, como uma racionalidade que força a negritude a se narrar unicamente pelos códigos e símbolos da branquitude, mediante os quais é possível se reconhecer a humanidade de uma pessoa.[9][10] Por outro, a identidade funciona como um modo ou uma racionalidade que subordina a narrativa da negritude a uma resposta – compreensivelmente reativa – às violências que lhes são impostas.[11]

É evidente que, num contexto de opressão racial, as alternativas para um relato de si mesmo não podem contornar as imposições do racismo. Minha hipótese é que parte da ruptura com essa estrutura opressiva, chamada de racismo estrutural, passa por uma dissolução da identidade negra construída pelo colonialismo e posteriormente pela colonialidade.[12] Assim, sustento a tese de que, para recuperar a singularidade da experiência de narrar a si mesmo, é necessário, no caso das pessoas negras, quebrar as imposições do modelo colonial como condição identitária.

Com essa quebra do modelo colonial de determinação da identidade racial, talvez seja possível reconfigurar o pacto narcísico das pessoas pardas por meio do qual muitas vezes a máscara branca se manteve atracada às pessoas de corporeidade negra de pele clara ou com menos marcadores epidérmicos de negritude. Para que

---

sugerida por Mignolo (2005, p. 15), de que não tenho a pretensão de esgotar uma compreensão do que seria uma posição de crítica à colonialidade. Acredito que uma das maiores contribuições do discurso decolonial é justamente extirpar a pretensão de explicação total posta no prisma de um único sentido (Silva Jesus, 2022).

8. Appiah, 1997.

9. Almeida, 2019; Mbembe, 2019.

10. Ramos, 1995, p. 197.

11. Freire, 2021, pp. 4-5.

12. Sobre a distinção entre colonialismo e colonialidade, ver os comentários de Mignolo a respeito da obra de Quijano (Mignolo, 2005). O ponto é que, usualmente, o termo colonialismo se refere mais ao sistema colonial, ao passo que a colonialidade se refere às relações de poder que mantêm uma lógica de opressão e concentração de poder. Aqui, em geral, focarei na ideia de colonialidade, que não exclui a ideia de colonialismo, mas a expande.

isso ocorra é necessário reconhecer que quem promoveu a categoria de pardo foi o identitarismo branco com vistas a incutir divisões entre as pessoas negras. Assim, pessoas pardas como eu podem realizar a quebra com a branquitude – o lastro histórico da categoria de pardo –, assumindo a experiência da corporeidade negra.

Essa experiência é compreendida pelo prisma da experiência subjetiva do sofrimento de ser racializado e de sua consequente resistência à identidade colonial que habita nossos corpos, ainda que eventualmente com outros matizes em relação às pessoas negras retintas. Desse modo, ao colocar em xeque a categoria de pardo, por meio do conhecimento do identitarismo branco que a sustenta, não proponho, contudo, a construção de uma identidade negra como se ela se remetesse a uma essência cristalizada e a um único modo legítimo de ser negro. Eu só posso me tornar negro porque paradoxalmente não existe uma identidade negra capaz de definir de modo monolítico o ser negro.

Assim, para se tornar negra, a pessoa parda tem que compreender que o discurso do ser negro como uma unidade e identidade absoluta foi tecido pelo identitarismo branco de natureza filosófica que se autoproclamou como a única forma legítima para uma narrativa de si mesmo. É preciso contextualizar o universal no processo de colonização – empreendido por essa branquitude – para que se entenda que a negrura ou negritude é uma experiência dinâmica que se refere tanto a viver a experiência de ser um corpo racializado como inferior quanto à experiência de constituir uma resistência à identidade colonial. Sem as amarras do identitarismo branco, as pessoas negras podem não apenas relatar a si mesmas em seus respectivos e singulares processos de subjetivação como também conferir uma legitimidade a essas narrativas ou relatos que não depende da chancela ou da gramática da branquitude.

Para construir a compreensão da negritude como uma experiência não identitária, organizei a presente obra em três partes.

Num primeiro momento, apresento o projeto filosófico da modernidade como um projeto racial. Veremos como a filosofia contribuiu para a construção de uma episteme racista por meio da criação e do uso do conceito de raça como identidade ontológica. Fecho essa primeira parte do livro tecendo considerações sobre como o discurso filosófico da modernidade serve de enquadramento para que, no Brasil, a modernidade continue incidindo sobre o corpo negro, no sentido de torná-lo um fantasma sem qualquer traço de autonomia.

No segundo momento, tecerei considerações a respeito de como o corpo negro experimenta subjetivamente o fantasma que lhe foi imposto como uma identidade racial. Argumentarei que essa experimentação se desenlaça de modo duplo: com a tomada de consciência de que a identidade racial é um instrumento de dominação e precarização da vida das pessoas negras; e de que a corporeidade negra nunca se entregou às determinações da colonialidade, e, por essa razão, o corpo negro se constitui um contraponto coletivo ao discurso identitário.

Por fim, por meio de um relato pessoal, seguirei as trilhas abertas por importantes psicanalistas brasileiras para me compreender como negro. Para essa tarefa, vi-me obrigado a racializar a psicanálise a fim de liberar formas de lidar com a subjetividade que não fossem achatadas pelos seus principais conceitos – arquétipos. Contudo, não pretendo abdicar de conceitos como narcisismo e, sobretudo, a hipótese do inconsciente.

A partir de uma abordagem psicanalítica do modo singular com o qual vivo a experiência de minha narrativa de si, consegui identificar os padrões da branquitude presentes na psicanálise para me desidentificar da máscara branca. Entendi que essa máscara é o coração do pacto narcísico dos pardos/as, porque nossa corporeidade nos confere maior "passabilidade", mas nunca pode nos tornar brancos/as.

Ciente, portanto, da estratégia ambivalente da branquitude, de me aproximar dela (com a condição de que eu sempre me adaptasse à "cultura universal") para, ao mesmo tempo, me afastar (sob a alegação de que há um limite ontológico para que eu seja tomado como um branco), consegui romper com o projeto de branquitude para *me tornar negro*. Essa travessia para a negrura só foi possível porque me conscientizei de minha experiência de mim mesmo como um corpo negro coletivo; que sofre racismo à medida que resiste à identidade colonial. Um corpo cuja experiência de si não se reduz ao racismo que lhe é imposto conforme se abre a diferentes possibilidades de exercer a sua singularidade; um corpo que, longe de ser uma identidade final, é encruzilhada.

RAÇA E MODERNIDADE

A criação do negro na filosofia

> Quer dizer, o homem que não fosse europeu, que não fosse branco, era jogado no domínio da natureza, fundamentalmente os negros.
>
> LÉLIA GONZALEZ, *Por um feminismo afro-latino-americano*[1]

A cor branca do bom senso[2]

Não foram poucas linhas na História da filosofia ocidental que tentaram de algum modo separar a alma do corpo. Em certo sentido, fazer filosofia, pelo menos a partir de Platão, seria apostar em algum grau nessa divisão ou distinção para, em seguida, justificá-la por razões que nem sempre são congruentes, mas que sempre estão afinadas com o propósito de elevar a relação da alma (mente) com o corpo a um patamar central na reflexão filosófica. Foi esse enquadramento da filosofia que levou Nietzsche a reconhecer um projeto comum entre os filósofos que se iniciou com Sócrates ou com o Sócrates dito pela boca de Platão. Pouco importa a precisão conceitual de Nietzsche ou a generalização com a qual a filosofia dele opera diante do fato de que, sim, a filosofia ocidental, em grande medida e em parte significativa de sua história, tomou a alma como uma instância diferente do corpo e procurou explicar a relação da alma com o corpo. Nietzsche tem alguma razão.[3]

1. Gonzalez, 2020, p. 247.
2. Gislene Aparecida dos Santos talvez tenha sido no Brasil a primeira pessoa a associar o projeto de modernidade filosófica à construção do racismo (Santos, 2005).
3. Sobre esse ponto ver: Andrade, 2010.

Nisso, as reflexões promovidas especialmente no início da filosofia moderna não apresentam nenhuma novidade ou não portam uma inovação absoluta em relação à filosofia produzida em parte da Grécia e em parte importante da Europa Cristã. No entanto, quando na modernidade se condiciona a prova da existência de si à separação das propriedades do corpo das propriedades da mente efetivamente estamos falando de algo dissonante. É novo. O ineditismo não está na temática da relação do corpo com a alma. Ele repousa na construção de um sujeito que se firma enquanto tal na medida em que se reconhece como ser pensante.

Foi nesse sentido que certa vez Descartes propôs um exercício meditativo conforme o qual ele demonstraria, dentre outras coisas, que a alma é separada do corpo. Deitado em frente a uma lareira e com a idade amadurecida e mais afeita à reflexão, Descartes inaugura a compreensão de que o discurso do sujeito sobre si é uma imersão no que consideramos ser nosso. É por isso que Descartes inicia seu processo de dúvida por aquilo que nos é mais próximo, diria imediato: os afetos. E essa capacidade de sentir nos é própria quando tomamos consciência dela no momento em que a anunciamos discursivamente e independentemente da existência do objeto para o qual se volta o nosso sentimento.[4,5,6,7] Quando me narro, tenho certeza de que tenho certos sentimentos e que eles são meus. Assim, a veracidade dos afetos, se aquilo que sentimos corresponde a algo fora do âmbito da sensibilidade, importa menos do que a crença de que temos propriedade sobre os nossos sentimentos. Eles são nossos; privados.

Descartes radicaliza o uso da dúvida quando resolve que ela pode se aplicar ao seu próprio corpo que diante da lareira escreve com as suas mãos o processo meditativo que está vivenciando.

4. Cito Descartes em conformidade com a notação de suas obras completas: (AT, VII, pp. 25-26).
5. Sobre os diferentes modos da demonstração da existência na obra de Descartes, ver: Andrade, 2009.
6. AT, VII, p. 26.
7. AT, VI, p. 32.

Para Descartes, pode-se, portanto, desconfiar da existência do corpo daquele que se interroga sobre as certezas de suas crenças, mas não se pode colocar em questão a própria existência sem que se enrede numa contradição. Isto é, mesmo que eu duvide do corpo que reconheço como o meu corpo, eu não posso deixar de ser alguma coisa quando eu profiro a afirmação: *Ego sum, ego existo*.[8] É com essa afirmação que Descartes conclui na sua segunda Meditação que ele existe mesmo que não tenha certeza sobre a existência do seu próprio corpo.[9]

O narrador, presente no texto de Descartes, tem consciência de que imprime no mundo diferentes modalidades do seu pensamento, o que, em última análise, permite a ele se reconhecer naquilo que ele mesmo é: um sujeito que pensa. É o momento em que o narrador das *Meditações* se reconhece como uma coisa pensante cuja unidade permanece independente da modalidade do pensamento. Não importa, portanto, se é uma dúvida, uma afirmação ou negação: o sujeito pensa e é isso que o define. O parágrafo 9 da Segunda Meditação é incontornável porque é o momento em que o narrador realiza – toma consciência – a sua centralidade diante das diferentes modalidades discursivas sobre si e sobre o mundo: "Eu, eu sou coisa pensante, isto é, coisa que duvida, que afirma, que nega, que entende poucas e ignora muitas coisas, que ama, que odeia, que quer, que não quer, que imagina também e que sente".[10]

O sujeito se reconhece como aquele que sempre se refere a si mesmo quando o seu pensamento se refere ao mundo. A narrativa do mundo é, em última análise, uma narrativa de si porque o

---

8. AT, VII, p. 26.

9. Posso duvidar se tenho ou não corpo, mas não posso deixar de existir enquanto eu faço um exercício meditativo por meio do qual radicalizo o uso da dúvida para estendê-la para todas as minhas crenças. A dúvida, afinal, é uma das modalidades do pensamento. E, para Descartes, não é possível pensar sem existir. O que ele tinha sido dito de outro modo no *Discurso do Método* e que terminou sendo a frase síntese da filosofia cartesiana: "Je pense donc je suis" (AT, VI, p. 32). Sobre os diferentes modos da demonstração da existência de si na obra de Descartes, ver: Andrade, 2009.

10. Segunda Meditação, AT, VII, p. 28.

mundo só é apresentado por meio do sujeito. O sujeito narrador das *Meditações* cumpre uma função central no texto, que é instituir a unidade que desde sempre confere uma ordem para a narrativa ali arrolada. O que essa instituição ou fundação do sujeito consubstancializa é o caráter reflexivo do narrador das *Meditações*. Ainda que a demonstração da sua existência como sujeito pensante seja feita apenas na Segunda Meditação, o seu caráter autor-reflexivo atravessa todo texto e está igualmente presente na decisão de redigi-lo e de traçar um percurso narrativo sobre si mesmo.

O único estado mental que não pode deixar de ser verdadeiro é a consciência de si. Em outras palavras, a dúvida pode pairar sobre todas as instâncias da primeira ordem, nossos sentimentos, por exemplo, visto que ela incide sobre a nossa relação com o mundo externo ou com os objetos de modo geral, mas não sobre a consciência dessas instâncias.

Desse modo, o discurso racional tem um valor performativo para a afirmação de si mesmo, independentemente da veracidade do conteúdo por ele proferido. É por isso que o sujeito cartesiano é fundado não no que sente ou acredita na forma de uma espécie de afirmação "Sinto, logo sou", mas na propriedade sobre as suas ações de crer, sentir e afirmar de modo geral que são patenteadas pela consciência de que o sujeito pensa. Isto é, na propriedade racional sobre os seus afetos, uma vez que ninguém pode lhe dissuadir quanto à certeza de que eles são sua propriedade. A certeza é da ordem da razão. E essa certeza anima o narrador das *Meditações* quando ele assere que não pode deixar de ser enquanto proferir o discurso sobre si mesmo, ainda que ele possa estar enganado sobre todas as outras verdades.

É nesse sentido que o ser humano no modelo cartesiano se compreende como aquele que é capaz de se identificar à consciência que tem de si.[11] Assim, se não podemos nos desfazer do corpo, afinal somos seres encarnados, não devemos, contudo, submetermo-nos aos sentidos, que estão ligados ao corpo e que

---

11. AT, VII, p. 28

por vezes nos enganam. Devemos, insiste Descartes, pautar as nossas ações no que nos faz autônomos e capazes de agir de maneira estritamente racional. Ou seja, se é verdade que o pensamento é instanciado, no caso dos seres humanos, no corpo, não menos verdade, é que nos identificamos com aquilo que é imaterial: o pensamento.[12]

Nesse contexto, a categoria de identidade indica, entre outras coisas, uma idealidade. Quando aplicada a pessoas no exercício de uma meditação, no estilo daquela feita por Descartes, ela projeta sombra sobre seus aspectos particulares para a discernir como uma mesma pessoa que se define por ser pensante.[13] A sua idealidade consiste na abstração das particularidades das pessoas para lhes reter algo invariável; sem matéria, uma espécie de fantasma, portanto.[14] Meu ponto é que a identidade pressupõe uma idealidade, e é uma idealidade ou, como eu chamo aqui, um fantasma. Ou seja, ela é uma formatação – enquadramento – de pessoas numa ideia sem corpo que, paradoxalmente, tem a força de padronizar a conduta humana. Afinal, é o pensamento que deve comandar o corpo.[15]

---

12. A formulação cartesiana, por meio do qual o narrador das *Meditações* relata a dúvida sobre a existência do próprio corpo, parte de uma ação individual para fundar um sujeito universal. A narrativa que ele faz de si autoriza a dizer da condição da humanidade. Entretanto, o próprio processo de levar a dúvida para diferentes níveis de crença é sinal não de um ser humano em geral, mas de uma cultura que cinde as pessoas numa dualidade corpo e alma. Essa formulação cartesiana não poderia ser realizada em outras culturas para as quais essa divisão, nos termos propostos por Descartes, não tem sentido algum. Ressalto ainda que a enunciação do sujeito como aquele que pensa é igualmente um tropo do eurocentrismo, visto que em algumas culturas ameríndias a noção de humanidade não se anuncia de modo absoluto por uma única perspectiva. Quem nos detalha isso é Eduardo Viveiros de Castro: "A primeira coisa a considerar é que as palavras indígenas que se costumam traduzir por 'ser humano', e que entram na composição das tais autodesignações etnocêntricas, não denotam a humanidade como espécie natural, mas a condição social de pessoa, e, sobretudo quando modificadas por intensificadores do tipo 'verdade', 'realmente', 'genuínos', funcionam, pragmática quando não sinteticamente, menos como *substantivos* que como *pronomes*" (Castro, 2020, p. 322).
13. Simas, 2021, p. 43. Importante notar que o corpo encantado da umbanda não apenas é diferente do corpo cartesiano, como em certo sentido ele é anticartesiano.
14. Sobre o uso do termo abstração na filosofia medieval e moderna ver: Andrade, 2012.
15. Essa divisão cartesiana não faz sentido para povos de origem africana, para os quais o corpo é integrado à alma, sobretudo na figura de Exu. Aliás, sobre este ponto reside a

Essa posição homologa a tese de que o ser humano se define por sua capacidade de autorreflexão, mas ela também aponta para o desejo de se identificar a essa capacidade autorreflexiva e é o que está na base da justificativa para o exercício meditativo. Assim, se o que define inicialmente o sujeito moderno não é o corpo, mas a alma ou a razão, é importante notar que o desejo por se identificar com a razão ou com essa capacidade autorreflexiva está igualmente presente naquele sujeito como um fantasma no sentido de que se trata de um desejo próprio do sujeito racional. Isto é, o sujeito é, em última análise, a razão e o desejo pelo exercício pleno da razão.

Assim, se acompanharmos, por exemplo, a compreensão de Luiz A. Simas[16] de que nas tradições afroindígenas brasileiras o corpo não se reduz à sua dimensão de motricidade, uma vez que ele envolve todas as dimensões espirituais da vida humana e os próprios afetos, é inevitável asserir que a construção cartesiana é completamente sem sentido para parte significativa do globo e corresponde, portanto, a um padrão identitário específico. Isto é, o que Descartes realiza como a grande descoberta humana na modernidade é o resultado direto de uma especulação abstrata e sem qualquer sentido para parte significativa das culturas que comporão o nosso país, mas que, no entanto, se arroga a definir o ser humano por meio de um duplo fantasma.

Permitam-me explicar o que entendo por fantasma e a sua relação com a fantasia antes de dar continuidade a minha ideia. Considerando que as palavras latinas *phantasma* (φάντασμα) e *phantasia* (φαντασία) guardam uma mesma origem grega, inscrita no verbo *phaino* ([φαίνω], que se refere, entre outras coisas, àquilo que é do âmbito do aparente ou daquilo que não é necessariamente material), é possível afirmar que essa construção cartesiana é tanto um fantasma porque não tem materialidade (não é possível pensar sem o corpo) quanto uma fantasia por

noção de mandiga conforme a qual o corpo é lugar mesmo da sabedoria (Rufino, 2019, pp. 58-59).
16. Andrade; Laporte, 2022.

denotar um desejo por algo que só poderia ser apreendido na sua imaterialidade, a saber: a capacidade autorreflexiva. Nesse sentido, retomo a conversa para dizer que a construção cartesiana é duplamente fantasmática.

O sujeito moderno é uma identidade tanto com o desejo de se definir pelo exercício da razão quanto com o próprio exercício da razão. Aqui o espírito ou a capacidade autorreflexiva encerra a ideia de fantasma porque se refere a algo que não tem materialidade, assim como aponta também para outro fantasma, na forma de uma fantasia, que se inscreve num desejo de se identificar apenas com a razão. O sujeito moderno cartesiano é um fantasma que se define por uma fantasia de que pode se identificar com uma capacidade autorreflexiva.

E o sujeito cartesiano é também discurso. Mas não qualquer discurso. É um autorreferente com o qual a modernidade filosófica é fundada, portanto, identitário, no qual se estabelece a identidade consigo mesmo como uma unidade pensante (*eu penso*) por meio da compreensão de que temos posse sobre nós mesmos. O legado cartesiano é o de que não apenas temos uma interioridade, vasta interioridade, mas que ela pode ser identificada com aquele que discursa sobre si mesmo e com o desejo que o move a discursar sobre si. Em outras palavras, a razão é entendida como uma capacidade de disciplinamento, cujo exercício é desejado por todos os seres que são tomados como humanos. O sujeito moderno por um lado, manifesta-se como a autonomia normativa que fantasmaticamente acredita ter sobre o corpo e, por outro, ele manifesta a identidade do ser humano como aquele que deseja o pleno e igualmente fantasmático controle de si, cuja chancela está no reconhecimento de que podemos realizar uma autorreflexão de ordem estritamente racional.

Nesses termos, a identidade cartesiana designa o desejo pela posse do sujeito sobre si e a fantasia de que essa posse se dá pelo uso da razão. A identidade do sujeito é o *título* de propriedade sobre si.[17] Assim, ao mesmo tempo que funda o sujeito moderno quando condiciona a humanidade do ser humano ao uso da razão, a filosofia ocidental precisava instituir o seu duplo.

Desse modo, se, por um lado, tanto o desejo pela ação racional quanto o exercício da razão constituem o critério por meio do qual o sujeito moderno se reconhece como ele mesmo, por outro, a ausência desse critério será, no que diz respeito ao seu *duplo,* o critério de identificação dos que procedem sem o desejo pelo autogoverno e sem a capacidade de presidirem as suas próprias ações. O duplo do sujeito moderno é uma condenação. Uma sentença que reduz a pessoa ao seu corpo. Nesse ponto, a identidade assume a forma de um identitarismo porque funciona como uma ideologia que discrimina os indivíduos de acordo com o critério da identidade do sujeito moderno com ele mesmo. Isto é, a identidade do sujeito como aquele que tanto deseja a razão quanto a exerce para normatizar as suas ações serve de linha demarcatória que identifica as pessoas. Trata-se, portanto, da instituição de certo sujeito como padrão identitário do que é o humano.

É nesse contexto que o discurso filosófico transforma a dicotomia epistemológica cartesiana, que foi responsável por fundar a modernidade filosófica ocidental e que divide, pelo menos em algum grau, matéria do espírito, numa base para identificar as pessoas em conformidade com a proximidade do corpo e com a congruente distância que guardam daquilo que seria próprio do humano. Isto é, o desejo pelo autocontrole e o exercício racional desse desejo. Com isso, instaura-se na filosofia um discurso identitário que não se restringe à identidade do sujeito pensante com ele mesmo, mas que se reporta a essa identidade para demarcar a divisão entre os que usam a contento a razão, por nutrirem um genuíno desejo pela reflexão filosófica que batiza

---

17. A discussão realizada hoje por várias filósofas brasileiras lança luz sobre outra modernidade em cujo foco estão reflexões que, além de criticarem a modernidade cartesiana, abrem outras possibilidades (Lopes; Peixoto; Pricladnitzyk, 2022). Isso, contudo, não altera o fato de que foi essa modernidade cartesiana que constituiu a modernidade brasileira.

o sujeito, e os que se identificam mais com o corpo por fazerem uso da razão no máximo, acidentalmente. Nesse uso acidental da razão o ser humano pouco se diferencia dos animais por recorrer apenas eventualmente à razão, mas sem nunca desejarem, de fato, a exercerem plenamente, sobretudo na forma da filosofia.[18]

Nesse ponto, o sujeito moderno é um sujeito segregatório no sentido de que traça critérios identitários para discriminar (dividir, demarcar, diferenciar, separar) os humanos e encontra no corpo, ou melhor em certos corpos, propriedades que indicam um uso apenas acidental da razão. Nessa perspectiva, o sujeito serve como critério demarcatório do uso da razão e cumpre a sua função, em termos discursivos, de traçar diferenças mais do que estabelecer um patamar comum de humanidade.

Eu tendo a acreditar que é com essa compreensão que Mbembe desenha o seu entendimento do sujeito racional. As suas palavras me parecem certeiras e por isso recorro a elas. Ele é mais preciso do que eu poderia ser neste quesito: "o sujeito racista reconhece em si mesmo a humanidade não naquilo que o torna igual aos outros, mas naquilo que o distingue deles".[19]

O sujeito moderno se funda demarcando nas suas circunscrições o que é a humanidade no sentido pleno e legal. Em seguida, ele relega para o que está fora de sua circunscrição a condição, por conseguinte, de um sub-humano.[20] Nesses termos, o sujeito moderno é um critério de identificação porque estabelece uma forma de *discriminar* as pessoas de acordo com o uso que elas fazem da razão. O sujeito moderno é uma fronteira.

---

18. Uma das primeiras formas de subverter o discurso racista que toma a pessoa negra como um animal foi encapada por um abolicionista e pensador negro de Gana, Ottobah Cugoano, que sustentava que os verdadeiros animais eram os europeus, capazes de promover as maiores atrocidades da História, especialmente o horror do tráfico de pessoas negras (1787/2010). É evidente que o uso do termo animal na filosofia moderna é carregado por um especismo que por um lado, difere os seres humanos dos animais e, por outro, centraliza no ser humano uma capacidade racional como se ela fosse facultada apenas aos seres humanos.

19. Mbembe, 2018, p. 76.

20. Olaudah Equiano foi mais um de tantos negros que se opôs vorazmente à escravidão. Na sua autobiografia é possível recuperar vários argumentos abolicionistas (Equiano, 2022).

O identitarismo do sujeito moderno é um identitarismo racial na medida em que se aplica aos seres humanos diferentemente de acordo com o que se esboça como raça. É neste momento que o discurso filosófico prescreve para os corpos negros a condição de um corpo sem fantasma (espírito) ou sem a capacidade de autogoverno. Isto é, a divisão epistemológica entre corpo e espírito não ocorre de forma similar em todos os humanos, mas representa o abismo que há entre alguns humanos no que diz respeito à sua capacidade de guiar o corpo pelo espírito.

Assim, se a cena racial, como pontua Mbembe e a quem recorro mais uma vez, é um "espaço de estigmatização sistemática";[21] com o sujeito moderno é criado um estigma, qual seja, de que quem não segue o espírito termina por ser aprisionado ao próprio corpo. O corpo é o reino das paixões, das necessidades básicas e quando uma pessoa é reduzida ao corpo que porta ela é estigmatizada com um ser humano deficitário. O corpo é humano, mas um corpo humano sem o governo do espírito torna a pessoa mais um animal, como qualquer outro, do que um ser humano que goza da razão como marca identitária.[22] Ter um corpo humano não é suficiente para se ter uma identidade humana. O que caracteriza o ser humano é algo imaterial: um fantasma e não o corpo.

Com efeito, para as pessoas negras, o fantasma é o resultado do processo de lhes reduzir, diferentemente das pessoas brancas, ao corpo. O fantasma, neste caso, não é o resultado de uma operação de desmaterialização ou abstração, mas de uma inscrição de um corpo nos limites de sua cor. O fantasma é a identificação da pessoa de corporeidade negra ao seu corpo. Ou seja, o discurso filosófico da modernidade ocidental cria uma modalidade de fantasma para realizar um processo de identificação do corpo da pessoa negra à cor negra em contraponto ao sujeito moderno cuja capacidade de pensar é independente do corpo. Enquanto o sujeito negro

---

21. Mbembe, 2018, p. 70.
22. O racismo se alimenta e se constitui pelo fomento e disseminação de estigmas. Ele é uma produção de símbolos que inscreve em certos sujeitos imagens fixas de subalternidade (Mbembe, 2018, p. 70; Mbembe, 2022, p. 160).

é um corpo, o sujeito moderno é espírito e aquilo que lhe constitui como o desejo por identidade com o exercício de autorreflexão.

Na filosofia moderna o processo de subtração da alma da pessoa negra para lhe reduzir ao corpo resulta numa imagem fantasmática da pessoa negra que, por ter um corpo negro, teria um corpo desalmado. Um corpo que paradoxalmente é ele mesmo o fantasma de si ou aquilo que lhe define. As pessoas com corpos negros se orientam apenas por suas necessidades imediatas e são tomadas como um autômato, como costumava se referir Descartes aos seres que não são capazes de agir de modo radicalmente autônomo, mas apenas guiados por aquilo que se lhe apresenta como urgente para se manterem vivos; para manter o corpo (máquina) subsistente.[23]

É assim que o negro vai ganhando no discurso filosófico da modernidade ocidental a feição de uma espécie de autômato, visto que ele é tomado como um corpo sem uma alma que lhe governa e, por conseguinte, incapaz de agir para além dos intestinais desejos materiais. As pessoas negras não aspiram às atividades do espírito. Essa será a posição de diferentes filósofos modernos em relação às pessoas negras. Ainda que o racismo não seja homogêneo na filosofia, vou mostrar como a criação de um sujeito racional serviu na modernidade de fronteira para subalternizar os humanos por suas diferenças corpóreas.

Gostaria de inicialmente sublinhar que o racismo deixou nas últimas duas décadas de ser um tema marginal para ocupar o centro de reflexões a respeito da modernidade.[24] Estranho que no Brasil os trabalhos sobre o racismo na filosofia moderna tenham

---

23. A construção cartesiana que funda a modernidade, embora se possa dizer de um ponto de vista universal, vincula-se a um sujeito abstrato para reafirmar uma ideologia do branqueamento nos termos de Lélia Gonzalez, visto que "reproduz e perpetua a crença de que as classificações e valores da cultura ocidental branca são os únicos verdadeiramente universais" (Gonzalez, 2020, p. 143).

24. Acho que meu colega Leonardo Rennó tem feito um trabalho de investigação importante quanto ao questionamento do protorracismo na filosofia antiga. Longe de atenuar o racismo na Antiguidade, ele consegue mostrar como um discurso refratário à diferença é gestado no seio da filosofia grega, ainda que não seja racista nos termos da modernidade. Ele propõe uma metodologia para o estudo dos clássicos que passa pelo

figurado em artigos e livros com certo tardar e partindo, em geral, da hipótese de que o racismo seria menos relevante diante da importância de formulações éticas mais universalistas propostas por filósofos modernos. Talvez porque no Brasil tenhamos realizado, muito provavelmente de modo inconsciente, a máxima de Fanon de que "o intelectual colonizado vai tentar tornar sua a cultura europeia".[25] O fato é que, primeiro, vieram textos sustentando que o racismo nos filósofos clássicos é incidental. Difícil manter essa posição quando filósofos negros como Charles Mills denunciaram a filosofia moderna como um contrato racial. Afinal, parece que para a filosofia moderna uns são mais humanos do que outros.[26]

Com efeito, uma guinada se produziu nas interpretações dos filósofos da modernidade que passaram a colocar em evidência a questão racial. Eu já tinha escrito um artigo que articulava a noção de sistema filosófico com o racismo na filosofia moderna quando comecei a me dar conta de parte da literatura estrangeira produzida sobre o racismo na filosofia moderna.

Longe de recorrer aos argumentos clássicos de anacronismo, alguns trabalhos têm insistido que o discurso filosófico da modernidade produziu um pensamento racista. Notem que não está aqui em jogo julgar moralmente o racismo de cada um dos filósofos ou a sua conduta racista.[27] A questão que se impõe aqui

reconhecimento de que, sim, quando não eram protorracistas, eram racistas, como os modernos (Rennó, 2022).

25. Fanon, 2022, p. 57.

26. A obra de Charles Mills traça uma relação entre raça e contrato social com vistas a mostrar como as formulações do contrato na filosofia moderna espelhavam uma divisão racial inscrita na compreensão de que os povos não brancos (ou não europeus) não seriam capazes de formarem um contrato por conta de sua condição de selvangens. Isto é, o contrato social só se aplicaria às relações entre as pessoas brancas. Assim, antes de se ter um pacto social se tinha um pacto racial que decidia e discriminaria quem participaria ou não do contrato social. É, por isso, que "O contrato racial é, portanto, o verdadeiro contrato social" (Mills, 1997, p. 64). Aqui só me ocorre a expressão do Krenak, na entrevista que certa vez fiz com ele, de que indígenas e pessoas negras não faziam e não fazem parte do "clubinho da humanidade". Isso fica patente nos dias correntes porque enquanto escrevo estou sob o efeito da denúncia do genocídio dos Yanomamis.

27. Para Bernasconi, para quem o racismo informa a própria compreensão de humanidade em Hegel, é possível dividir o racismo na filosofia em três fases. Acho importante enumerá-las aqui porque elas são um bom retrato da modernidade. Para ele Locke desempenhou

é a produção de um pensamento racista e não da simples, ainda que grave, reprodução de um racismo já consolidado como uma ótica violenta para identificar as pessoas negras.[28]

Assim, o meu ponto é que a África e a pessoa negra são tomadas pelo discurso filosófico da modernidade ocidental como um contraponto ao modelo cartesiano de sujeito entendido como aquele que é capaz de se autodeterminar para realizar uma tarefa de autorreflexão e cujo desejo principal é se identificar à sua capacidade autorreflexiva. Um sujeito que acredita que por causa dessas condições que fantasia a respeito de si tem propriedade sobre si mesmo.[29] A minha hipótese não é original, ela já foi extensamente desenvolvida por Charles Mills (1997) e certamente encontra eco em vários autores e autoras aqui referenciados. De qualquer forma, ela consiste na compreensão que o racismo se caracteriza inicialmente pela fusão do corpo negro ao território africano e que isso fica claro na obra de Kant na forma de um protótipo do racismo científico que tanto circulava na Europa quanto foi de certa forma endossado pela filosofia.[30]

um papel na formulação do princípio conforme o qual os senhores têm poder e autoridade absolutos sobre os escravos negros em um momento em que a forma de escravidão norte-americana estava longe de acabar. Kant foi o primeiro a oferecer uma definição científica da raça e ele mesmo recorreu a essa ideia para legitimar preconceitos contra a mistura de raças. Hegel foi o precursor da tendência de meados do século xix de construir filosofias da história organizadas em torno do conceito de raça, como encontramos depois em Knox e Gobineau (Bernasconi, 2003, p. 3).

28. A construção do racismo e da categoria de raça na filosofia alemã tem uma longa história e diferentes matizes que foram objetos de reflexões importantes dispostas no livro organizado por Eigen e Larrimore (2006).

29. Maldonado-Torres segue nesta mesma direção, ainda que sem a ênfase no conceito de autodeterminação que pretendo aqui tecer (2007).

30. Não é óbvia, nem muito menos simples, a distinção entre o que está no âmbito de uma reflexão mais inscrita num compromisso com certa metodologia científica e o que está no âmbito de reflexões metafísicas (Eze, 1999, p. 56). Essa dificuldade contribui para pensarmos, junto com Sanguinetti, em que medida todo sistema filosófico dos pensadores modernos e, especialmente, Kant e Hegel, é contaminado pelo racismo. Alguns autores, como Charles Mills, não guardam dúvida quanto ao fato de que o mundo moderno "foi assim expressamente criado com uma política racialmente hierárquica e globalmente dominada pelos europeus" (Mills, 1997, p. 27). O fato é que é corrente no pensamento moderno uma compreensão hierárquica das culturas que em geral coloca a cultura europeia branca no topo da hierarquia e culturas negras na base.

Num segundo momento, o racismo assume a forma de identificação das culturas africanas à condição de uma inferioridade porque elas não compartilham os ideais modernos de liberdade e Estado. Nesse ponto, a filosofia da história de Hegel é uma forma de endossar e produzir o racismo por meio da promoção do projeto de modernidade ao patamar metafísico no sentido de que a modernidade não seria uma época entre outras na historiografia, mas seria uma ideia de modernização das relações sociais pelo fortalecimento do Estado como a única forma racional e, portanto, legítima da vida social. Ou seja, a metafísica está presente em parte significativa da filosofia moderna, mas com Hegel é a própria compreensão do tempo que é enquadrada numa ótica metafísica com o seu conceito de História. Isso não significa, contudo, que outras formas de racismo não possam coabitar a filosofia hegeliana,[31] mas apenas que vou me dedicar a esse ponto para sublinhar que a África, segundo Hegel, sofreria, de algum modo, de um déficit metafísico porque o projeto de modernidade não teria aportado naquele continente. Por isso, em certo sentido, a África não estaria no tempo. Para esse último ponto vou reservar a segunda parte deste primeiro capítulo.

Inicio mostrando como a comparação das pessoas negras com animais estava presente, de modo recorrente, em diferentes textos filosóficos, mas que com Kant isso ganhará a forma de uma teoria das raças. Notem, não estou me referindo a cartas em que pessoas trocam as suas confidências sem saberem que aqueles escritos seriam convertidos em arquivos filosóficos. Estou me referindo a textos que tinham a pretensão de oferecer uma explicação filosófica para a experiência humana e que não eram apenas preconceituosos com relação a algumas pessoas negras ou em relação a um determinado povo. A presença do racismo nesses textos se inscreve, como vou mostrar, num

---

31. Sobre as diversidades do racismo possíveis, cultural, geográfico, biológico ou mesmo a mistura de alguns desses sobre as quais a obra de Hegel incide, ver: Buck-Morss, 2009.

projeto filosófico de produzir uma episteme racista ou uma justificativa para a inferioridade das pessoas negras.

Assim, sustento que a construção da raça no seio da filosofia acontece em concomitância com a divisão cartesiana entre espírito e corpo. Essa construção tem como fim principal reputar às pessoas negras uma identidade estritamente corporal. E isso é feito, dentre outras formas, pela associação recorrente do corpo negro aos corpos de animais. O negro é apenas corpo abstraído do seu espírito; um corpo sem alma, um animal, ao passo que o branco encerra a raça responsável por levar a cabo a tarefa da humanidade. É importante notar que os modernos tinham plena consciência de que os brancos eram uma raça, e não apenas disso, mas de que se tratava da raça superior, como veremos ao longo da minha explanação.

O esforço do discurso filosófico da modernidade será de conferir justificativas para que o racismo ganhe em objetividade e se espraie por todo globo. Será graças a esse esforço que o racismo conhecerá a sua dimensão epistêmica. Assim, não se trata de tomar as observações explicitamente racistas de vários filósofos da modernidade como episódios individuais porque elas figuram no interior do pensamento deles com base em afirmações científica da época e estão presentes em alguma de suas metafísicas. Vejamos alguns exemplos e como eles parecem compor uma sinfonia macabra cuja partitura expressa a exaltação da Europa na igual proporção que diminui os valores das culturas dos povos africanos e dos povos que consideravam selvagens de modo geral.

É com essa perspectiva que se pode ler a obra de Voltaire com o título *Ensaio sobre os costumes e o espírito das nações* como uma obra que exige, pelo menos, uma dupla reinvindicação. Por um lado, que se tome o corpo negro como o lugar de uma humanidade deficitária. Por outro, que se reafirme a centralidade da cultura europeia como farol para a humanidade. Para levar a cabo este duplo propósito Voltaire tece comentários raciais sobre os negros para justificar que na cor negra do corpo reside "uma prova manifesta que há entre cada espécie de homem, como há nas plantas, um princípio que os diferencia".[32]

E na taxionomia do que pode ser considerado em algum grau humano é notável que as pessoas negras serão aquelas que tangenciam apenas lateralmente a condição humana porque seriam incapazes de mudarem diante das circunstâncias. Elas se portam, ainda segundo Voltaire, como se fossem plantas e por guardarem uma extrema dificuldade de mudanças: "os negros são escravos de outros homens".[33] Isto é, sem uma autonomia sobre si mesmas as pessoas negras se encontram reclusas a um estado de letargia ou inércia que as mantêm sob o jugo dos europeus. Essa seria a razão pela qual os europeus comprariam as pessoas negras "como se fossem animais" para lhes servirem nas Américas.[34] Aliás, tantos as pessoas negras quanto aquelas nativas da América, cor de bronze, nos termos de Voltaire, atestam na sua dificuldade de fazer uma revolução "a superioridade dos europeus".[35]

A exaustiva comparação dos traços corporais da negritude, como o cabelo crespo, com os animais ou mesmo plantas em obras filosóficas não parece ocorrer de modo marginal, mas está presente em várias outras linhas e em especial quando Voltaire justifica a inferioridade das pessoas negras num tratado que pretende lançar luz sobre a diferença entre os povos. Apesar de ser um tratado de metafísica, Voltaire no momento do texto que trata da diferença entre os homens a partir de uma noção de raça se autoriza a tecer comentários de ordem física por meio dos quais instala a comparação dos negros com animais com o fito de relegar as pessoas negras a uma humanidade deficitária. Com as seguintes palavras Voltaire iguala as pessoas negras aos demais animais: "Vejo macacos, elefantes e negros. Todos parecem ter algum lampejo de razão".[36] Ele segue a estratégia consagrada na

32. Voltaire, 1775, p. 257.
33. Ibid.
34. Ibid.
35. Ibid.
36. Voltaire, 1978, p. 62

filosofia moderna de identificar as pessoas negras àquelas sem alma quando o que está em jogo é o estudo da moral ou dos costumes dos povos.[37]

E do outro lado do Canal da Mancha parece que o raciocínio não era diferente. No seu *Dos Caracteres Nacionais*, Hume, num bojo de uma reflexão a respeito da moral, filia-se ao discurso filosófico hegemônico de associação dos negros aos animais.[38] Para retirar dos negros qualquer capacidade de se relatar ou narrar a sua existência, Hume os associa aos papagaios, cuja fala se assemelha à humana, mas que está longe de expressar a inteligência humana de formular conceitos. Desse modo, mesmo o relato que lhe chega de pessoas negras inteligentes da Jamaica é reduzido ao racismo que governa o seu pensamento e, neste sentido, ele dirige o seu ceticismo para duvidar do relato de um negro inteligente: "Na Jamaica, realmente, falam de um negro de posição e estudo, mas provavelmente ele é admirado por uma realização muito limitada como um papagaio, que fala poucas palavras claramente".[39] Assim, ainda que Hume não tenha se filiado, como argumentam Garrett e Sebastiani, à tradição de condicionar a cultura dos povos ao clima, ele aposta numa diversidade natural entre pessoas brancas e não brancas, que está ancorada em

---

37. É fundamental notar que mesmo a luta encampada pela Inglaterra de Locke contra o tráfico humano de pessoas negras foi um subterfúgio, nas palavras certeiras de Alberto Costa e Silva: "de roupagem limpa" para que aquele país dominasse os mares e as suas rotas comerciais. É com a sua particular agudeza que Alberto Costa e Silva nos convida a nos desfazermos de qualquer sentimento de gratidão ao povo inglês, uma vez que "O movimento generoso e humanitário para formar, num espaço curto de tempo, quase toda África em colônia europeia" (Costa e Silva, 2022, p. 133). O combate ao mercado de pessoas negras escravizadas, mercado que em parte sustentou a vida burguesa de Locke, só foi interposto pela Inglaterra e também pela França para avançarem brutalmente no território africano.

38. Sem dúvida, os escritos de Hume sobre raça ganharam apenas uma pequena fração em sua obra em relação às várias temáticas que aquele autor percorre. É possível, como faz minha colega Isabel Limongi, criticar o racismo explícito de Hume, recorrendo, de certo modo, ao seu próprio ceticismo. Esse me parece um caminho promissor e convido a lerem o trabalho de minha colega. Com efeito, ainda que tenha figurado apenas uma nota, o racismo de Hume exerceu forte influência em outros pensadores e não à toa foi citado por Kant, como sublinha Henry (2014, p. 71).

39. Hume, 1875.

critérios raciais, tal como aqueles adotados por Voltaire. Esses critérios reportam as pessoas negras e outros povos considerados selvagens ao lugar mais baixo na hierarquia dos seres humanos.[40]

Aliás, quando se reporta ao que considera povos selvagens Hume se autoriza a colocá-los como aqueles que se opõem aos europeus, cuja superioridade seria inconteste: "A grande superioridade dos europeus civilizados em relação aos índios selvagens inclinou-nos a imaginar que não estamos, perante eles, em idêntica situação, e fez com que nos desembaraçássemos de todas as restrições derivadas da justiça e mesmo de considerações humanitárias em nosso trato com eles".[41] Desse modo, Hume argumenta que as leis e a racionalidade com as quais os europeus operam não podem ser aplicadas aos povos "selvagens" porque eles estariam em outro estágio do ponto de vista do desenvolvimento humano.

Afinal, corria a compreensão em vários estudos científicos de que mesmo o mais simples dos europeus, marcado, por exemplo, pelo "vício e pela ignorância", seria, nas palavras violentas de Tocqueville, "o primeiro diante dos selvagens".[42] Por isso, mesmo os europeus de outras épocas, que habitavam as selvas, não serão tomados como selvagens porque estariam num clima, seguindo a argumentação de Montesquieu num momento em que promove um estudo a respeito da diferença entre os povos, propício à reflexão filosófica. O ponto é que os europeus não estão no mesmo enquadramento com o qual a identidade racial do negro é a marca de uma condição de selvagem que lhe é constituinte.[43] É com essa convicção que Montesquieu condiciona a humanidade cristã dos europeus à desumanidade dos negros: "É impossível

---

40. Garrett e Sebastiani, 2017, p. 38.

41. Hume, 1995, p. 43.

42. Tocqueville, 1977, p. 271

43. Sobre a diferença entre os termos "gentis" e "bárbaros", usados antes do Renascimento, em relação ao termo "selvagem", o artigo de Eze é bastante instrutivo, e com ele aprendemos que embora já tenha sido usada na literatura medieval, o termo "selvagem" é uma categoria que se refere aos povos da África negra e da América cujo conhecimento mais amplo da parte dos europeus só acontece com uma ampliação das navegações (Eze, 1999, p. 51-52).

que essas pessoas sejam homens; porque se supuséssemos que fossem homens, começaríamos a crer que nós mesmos não somos cristãos".[44] Ou seja, a humanidade não pode coabitar corpos negros e brancos simultaneamente, uma vez que para Montesquieu é tão natural "que a cor constitui a essência da humanidade"[45] que não restam dúvidas quanto ao fato de que a cor negra é o indicativo da inferioridade dos povos da África subsaariana.

Notadamente, apesar da óbvia especificidade de cada filósofo aqui citado e que não necessariamente eles comunguem de todos os pontos quanto ao racismo, há pelo menos dois traços comuns nos textos sobre cultura, nações e costumes a respeito das pessoas negras. Por um lado, a compreensão de que causas físicas ou naturais, como o clima, determinam o modo como as pessoas negras produzem a sua cultura.[46] Por exemplo, o tratado de geografia de Strabo foi, segundo Livingstone, decisivo para Hume fazer as suas considerações a respeito da diversidade das culturas e para ele reputar a cultura negra como uma subcultura humana; assim como o vocabulário moral de Montesquieu está repleto das suas leituras sobre o clima e a sua ação sobre a cultura.[47] Por outro lado, outro ponto em comum no racialismo, promovido pela filosofia moderna, é a compreensão de que os traços corporais das pessoas negras atestam que elas são humanas, mas que guardam muitos mais laços com os animais ou mesmo com as plantas do que as pessoas brancas; as quais são tomadas invariavelmente como a expressão máxima da humanidade.

É por isso que certos afetos podem ser dispensados no trato com as pessoas negras das quais não se deve ter pena segundo Montesquieu: "Aqueles de que se trata são pretos dos pés à cabeça; e têm o nariz tão achatado que é quase impossível ter

---

44. Montesquieu, 2000, p. 257.

45. Ibid.

46. Livingstone realizou um estudo exaustivo e genealógico sobre como os filósofos modernos se pautaram nas observações científicas da época a respeito da relação entre o clima e moralidade dos povos (Livingstone, 2002).

47. Livingstone, 2002, p. 163.

pena deles".[48] Sem esse compromisso com certa empatia com relação às pessoas negras é possível escravizá-las sem pena e, com isso, manter uma vida burguesa como aquela de Locke, cujo financiamento se deu pelos dividendos auferidos dos seus investimentos na companhias de escravos Royal Africa Company.[49] Aliás, tanto Locke como Montesquieu eram críticos da escravidão, mas aparentemente não reconheciam nenhum problema caso ela fosse perpetrada em relação às pessoas negras como assevera sem hesitar Montesquieu: "todos os povos da Europa tendo exterminado os da América tiveram que escravizar os da África".[50] Essa afirmação de Montesquieu não poderia ser mais coincidente com a posição de Locke que houvera se ocupado com um artigo escravocrata da constituição da Carolina do Norte no qual se encontrava uma justificativa para a escravidão de pessoas negras.

Esses textos e posições pessoais (especialmente no caso de Locke) sempre reivindicam o déficit humanitário das pessoas negras quando fazem a aproximação dos seus corpos àqueles dos animais ou associam o seu comportamento a plantas que se moldam ao ambiente. Essa proximidade evoca igualmente a proximidade quase inseparável que os corpos negros e os corpos indígenas guardam com a terra sobre a qual vagam como os demais animais selvagens.

Assim como os animais seriam ligados diretamente à terra na qual vivem, as pessoas negras e indígenas estariam no mesmo grau de dependência da terra onde estão porque seriam condicionadas pelo ambiente. Isto é, sem a capacidade do espírito para determinar o comportamento do corpo, os negros se condicionam ao ambiente como se se tornassem parte dele próprio. O corpo selvagem guarda um contínuo com a terra selvagem onde subsiste, é o que decretam vários filósofos modernos de modo pulverizado,

---

48. Montesquieu, 2000, p. 257.

49. A exemplo do que ocorre em geral com os outros filósofos modernos não há consenso sobre o alcance do racismo na obra de Locke (Uzgalis, 2017, p. 21), mas é muito complexo negar a existência de algum grau de racismo.

50. Montesquieu, 2000, p. 256.

mas é com Kant que essas caracterizações gerais do negro como inferior ganharam a forma de uma teoria da raça, numa obra dedicada especificamente a este tema.[51]

Com os seus textos sobre raça,[52] Kant transforma as difusas associações das pessoas negras aos animais, e as observações sobre a relação entre o clima e as questões morais, num projeto científico e filosófico de identificação das principais características das diferentes raças humanas.[53] O que ainda circulava nos discursos filosóficos de modo ainda não sistematizado num tratado específico sobre o tema é instituído na filosofia moderna como objeto da ciência por um dos filósofos que dedicou parte significativa do seu magistério ao ensino da Geografia Física e Antropologia.[54]

No seu ensaio *Da diferença das raças humanas*, publicado em 1775, Kant produz um conjunto de preleções que conferem ao conceito de raça uma pretensão de cientificidade. Para tanto, ele mobiliza as suas reflexões produzidas nos anos 70 a respeito da

---

51. Lepe-Carrión (2014) é preciso quando mostra que o racismo no interior da obra de Kant não é homogêneo. A sua ênfase varia nos textos, mas é importante ressaltar, com Bernasconi (2003, p. 84), que ele se faz presente em textos seminais como a *Crítica da Faculdade de Juízo*, de modo implícito.

52. No Brasil não deixa de ser digno de nota que os primeiros textos a respeito do racismo foram para tirá-lo do centro da filosofia de Kant ou para mostrar que Kant teria "corrigido" nas suas obras ulteriores o racismo de alguns dos seus textos. É o que percebemos no texto de Ricardo Terra a respeito de Kant (2010). No entanto, parte da literatura sobre a obra de Kant tende contemporaneamente a colocar em xeque a tese de que o racismo de Kant não influenciaria a sua moral (ver por exemplo Lu-Adler, 2022).

53. Emmanuel C. Eze mostra que o curso que Kant mais ministrou em Königsberg foi de antropologia e geografia física. Trata-se, ainda segundo aquele autor, de um interesse que acompanha Kant durante toda a sua vida (Eze, 2014). Kant considerava que a antropologia e a geografia física eram ciências gêmeas porque guardavam fortes convergências no que diz respeito à base natural que portam em comum. Em certo sentido, Kant sustentaria que a filosofia moral, seguindo as trilhas de Eze, pressupõe a antropologia e a geografia física (Eze *et al.*, 2014).

54. Alguns estudiosos da filosofia de Kant insistem que o racismo é completamente marginal na sua filosofia. Uma discussão importante entre os kantianos é sobre se o racismo de Kant, quando assumido como de fato existente, poderia contaminar o sistema crítico. Essa discussão, contudo, não afeta o fato de que a teoria kantiana se insere num debate sobre as raças que ressoa nos séculos XVIII e XIX como uma tentativa científica de explicar a inferioridade de alguns povos. O mais importante aqui não é avaliar se o racismo de Kant põe em xeque o seu projeto crítico, mas mostrar que Kant produziu num momento de sua obra textos que servem para uma episteme racista.

geografia física com vistas a articular a corporeidade dos povos às condições físicas do ambiente.

O negro, que é tomado individualmente como um corpo pouco inclinado à produção de grandes feitos humanos, nas palavras de Hume não haveria entre as pessoas negras "artesãos engenhosos", foi compreendido pelo discurso científico como um povo cujas condições físicas e geográficas são determinantes para as suas limitações intelectuais. A raça é o conceito que articula cultura, corpo e ambiente (agentes climáticos) num mesmo prisma, por meio do qual as pessoas negras são reduzidas ao seu próprio corpo. Todos os fatores entram na análise kantiana para reificar o corpo negro como a geografia do que não pode prosperar. O objetivo é sempre reduzir a pessoa negra ao corpo para lhe obstar o espírito.[55]

É por isso que nos seus textos de geografia física Kant parece fundar uma história natural que associa o calor da África ao corpo negro notadamente no que ele encerra de um limite para a autonomia daqueles povos para agirem para além das condições climáticas. É nesse sentido que autores como Lu-Adler e Shell argumentam que a preguiça, por exemplo, é tomada por Kant como um dos traços dos povos submetidos ao sol forte, e seria uma das razões para esses povos, mais especificamente os negros e os nativos americanos, não se esforçarem efetivamente para um maior desenvolvimento.[56]

55. É fundamental, como ressalta Bernasconi, não entrar no julgamento quanto à personalidade de Kant ou se nas suas ações ele promovia o racismo. O ponto é que a teoria ou mais precisamente a teoria kantiana produziu bases para a fundação de um racismo (Bernasconi, 2003). Aqui não se trata de procurar culpar ou isentar Kant em relação ao seu racismo, mas de compreender como a sua teoria foi também responsável pelo fomento e circulação do conceito de raça. Também não é do meu interesse investigar em que medida pode haver uma contradição entre o universalismo kantiano e o racismo de algumas de suas teorias.

56. Lu-Adler, 2022, e Shell, 2006.

Mesmo sustentando um conceito de raça calcado numa teoria monogenética racial, como sublinha Joana Pontes,[57] Kant entende que a raça é o conceito que ajuda a explicar as diferenças entre as espécies e serve de esteio para justificar, pela hereditariedade, como elas se mantêm reclusas nas mesmas condições. Assim, o conceito de raça na obra de Kant permite uma articulação da geografia física com a antropologia (análise da cultura) porque o comportamento, que é fruto da relação da raça com o ambiente, é herdado biologicamente de acordo com a raça. Essa tese que será, aliás, partilhada pelos eugenistas do século XIX e do século XX.

Desse modo, o conceito de raça permite essa articulação central para a fundação do racismo como uma episteme em Kant e será a base do racismo com o qual ele conduz a escrita do seu texto *Da diferença das raças humanas*:

> Aliás, o calor úmido é favorecedor do forte crescimento dos animais em geral, e breve, surge o Negro, que está bem adaptado ao seu clima, a saber, é forte, corpulento, ágil; mas, que, ao abrigo do rico suprimento da sua terra natal, [também] é indolente, mole e desocupado.[58]

Embora o racismo climático ou a associação de característica de certos povos ao clima onde se encontram tenha acompanhado várias reflexões dos filósofos modernos, Kant explicitamente considera que há uma fusão do corpo negro com o clima e que isso é a razão central para que a pessoa negra só aja orientada pelas demandas do ambiente e nunca por si mesma, de modo autônomo.[59] Assim, sem a capacidade de realizar as tarefas do espírito – a qual pertence, segundo Kant, aos povos brancos de

---

57. Joana Pontes escreveu um artigo instigante e exaustivo no que diz respeito ao pensamento genético e racial de Kant nos termos do debate que se desenrolava na Alemanha daquela época.

58. Kant, 2010, p. 14.

59. Kant promove, segundo Lu-Adler (2022), uma racialização do que considera ser uma pessoa selvagem ou pertencente aos grupos dos nativos americanos e africanos. Nesse contexto, Kant mobiliza o conceito de preguiça no quadro de um dispositivo fisiológico e hereditário que tornaria impossível para os povos originários e africanos a realização da perfeição humana.

clima temperado ou à raça branca que encerra em si o modelo civilizacional – porque completamente incrustados no corpo, o negro é confinado às atividades mais imediatas e para quais não se faz necessário nenhum planejamento mais elaborado.[60]

É nessa perspectiva que os textos de Kant sobre a raça desenvolvem cientificamente as suas observações sobre o sublime e o belo no sentido que limitavam a experiência de ser negro à sua raça. Naquela ocasião, Kant sustentava que todas as formas de representação produzidas esteticamente pelas pessoas negras objetivam revelar a sua relação com a natureza onde se encontram as divindades africanas.[61] Para Kant, nas religiões de matriz africana a natureza era representada como um Deus porque o corpo negro seria uma barreira para um processo de abstração que fosse para além do que se apresenta a percepção ocular ordinária.[62] Nesse ponto, Kant não apresenta uma tese inédita e nos permite retomar alguns argumentos presentes na filosofia de Voltaire no que diz respeito à crítica que ele discorre às religiões não europeias. Para Voltaire, a crença num Deus supremo "demanda uma razão cultivada que as pessoas negras não têm",[63] ao passo que as pessoas negras e nativas das Américas

---

60. Segundo Livingstone, para Kant, o clima também serve como lastro para explicar a superioridade das pessoas brancas. Kant faria então cartografia global: "Na qual o mundo temperado foi exaltado como o apogeu da excelência humana" (Livingstone, 2002, p. 164).

61. Essa relação com a natureza que as pessoas negras guardam de modo intrínseco e indesviável é sempre um modo de reafirmação da superioridade europeia. Em último caso, parte da construção filosófica e discursiva do Ocidente é para a afirmação de si mesmo. Na mesma medida em que projeta sobre o outro um fantasma da inferioridade, a modernidade ocidental constitui o seu próprio fantasma de uma suposta superioridade. Como diz acertadamente Mbembe, "foi em relação África ao sul do Saara que a noção do 'Outro absoluto' ganhou o seu maior relevo (Mbembe, 2022, p. 158). De certa forma, arrisco dizer que a Europa é criada a partir do fantasma que impôs a África.

62. Na prática, a posição kantiana funde o racismo religioso e o racismo estético porque, condenadas todas as expressões religiosas que se relacionam com a natureza à completa irracionalidade ou animalidade. Considerando que os Orixás, por exemplo, moram na natureza, como nos ensina Luiz A. Simas e Nei Lopes, o destino que a civilização moldada na percepção kantiana dará as religiosidades de matriz africana será o ostracismo (Simas, 2021; Lopes, 2010). No fim do capítulo vou mostrar como essa perspectiva gestada por Kant, dentre outros, será empreendida no Brasil.

63. Voltaire, 1775, p. 265

estão presas às representações da natureza mais imediatas como "a queda de um raio ou um rio que transborda".[64]

Assim, tanto para os negros quanto para os nativos americanos, Deus não poderia ser um fantasma ou algo que remontasse à imaterialidade, mas apenas árvores, pássaros e montanhas; assim como o corpo negro não poderia ter um fantasma ou uma dimensão espiritual, sendo ele apenas um conjunto de músculos, nervos e ossos. Os estudos de Kant a respeito da estética e da religião, que seriam referendados por sua teoria da raça, consistem numa das passagens mais violentas da filosofia moderna em relação às pessoas negras e se encontra em forte acordo com as passagens que citei de Voltaire. A sua gravidade torna incontornável a sua presença aqui no livro e peço licença às pessoas negras para expor tamanha declaração de violência:

> A religião do fetiche, tão difundida entre eles, talvez seja uma espécie de idolatria, que se aprofunda tanto no ridículo quanto parece possível à natureza humana. A pluma de um pássaro, o chifre de uma vaca, uma concha, ou qualquer outra coisa ordinária, tão logo seja consagrada por algumas palavras, tornam-se objeto de adoração e invocação nos esconjuros. Os negros são muito vaidosos, mas à sua própria maneira, e tão matraqueadores, que se deve dispersá-los a pauladas.[65]

Considerando que os Orixás, por exemplo, moram na natureza, como nos ensina Luiz A. Simas, o destino que a civilização moldada na percepção kantiana dará às religiosidades de matriz africana será de negação.[66] É quando o racismo estético serve de lastro para a introdução de um limite para uma experiência religiosa mais abstrata, tomada por Kant como a expressão de uma religião que poderia ser pensada nos simples limites da razão, e condizente com aquilo que ele considera ser racional. Isto é, a religião endossa a falta da capacidade de abstração das pessoas

---

64. Ibid.
65. Kant, 1993, p. 75-76.
66. Simas, 2021, p. 69.

negras.[67] Assim, como os negros seriam uma raça inferior, a experiência religiosa das pessoas negras se reduziria ao que é imediato e ao que está presente no seu território. Desse modo, mesmo a espiritualidade negra seria reclusa aos limites do corpo negro e a sua representação consistiria em apenas um decalque dos objetos da natureza. Ou seja, a raça determina o modo como pessoas lidam com a experiência religiosa e a sua respectiva representação.

Nesses termos, haveria uma continuidade radical não apenas entre a epistemologia e a política, como acertadamente pontuou Charles Mills, mas persevera igualmente a estética (entendida agora como uma teoria da experiência corporal) como um fator de demarcação no corpo negro de um limite para o pleno exercício do humano. Kant parece argumentar que o corpo negro tem um limite que não consegue lhe fazer sentir corretamente as expressões do belo e do sublime.[68] De certa forma, a sua obra *Da diferença das raças humanas* foi para redigida para aprofundar e justificar esse limite.

Parece que está na base do contrato racial, corretamente chamado por Mills, um acordo sobre a estética, visto que a corporeidade negra é tomada como um indicativo de que as pessoas negras são incapazes de celebrar um contrato social.[69] Isto é, pelo corpo se pode discernir os que se autogovernam e os

67. Um dos pontos de passagem da estética para uma antropologia racista está no conceito de talento que é, por sinal, uma temática central na filosofia alemã. Notadamente, o talento teria uma função estética, da produção da obra de arte, e é um conceito também decisivo para a antropologia, porque certos povos não teriam talentos inatos, sobretudo quando se tratava de povos não europeus cujos talentos intelectuais seriam inferiores (Eze *et al*, 2014).
68. O trabalho de Alison Stone é exaustivo no que concerne à demonstração do racismo presente nas observações de Kant a respeito da estética (2017, p. 63). É importante notar que discernir as formas que o racismo assume na filosofia não é uma tarefa fácil.
69. Um dos pontos fortes da obra de Cugoano, segundo Henry (2014, p. 80), foi usar o conceito de estado de natureza para descrever o modo predatório como a Europa colonizou a África. Ou seja, enquanto podemos constatar que o conceito de estado de natureza é usado para se referir às culturas africanas para explorá-las, pensadores como Cugoano conseguiam com extrema lucidez mostrar que o imperialismo é o verdadeiro estado de natureza. Essa posição será muito próxima daquela de Marx em cujos textos se percebe, como mostrou Anderson (2019), uma evolução para uma posição contrária ao imperialismo europeu. Com isso, quero sustentar que nunca houve uma unanimidade filosófica que, como tal, poderia isentar a responsabilidade da filosofia pela produção do racismo sob o argumento de que todo mundo era igualmente racista.

que pelos sentidos são governados. Para tanto, a cor negra do corpo é um critério identitário tanto de ordem estética, porque indica os corpos que não podem experenciar certos sentimentos como o sentimento do belo e do sublime, quanto de ordem epistêmica, porque aponta os corpos que são incapazes de serem governados pela razão.[70]

Portanto, aos povos africanos não é facultada uma experiência estética que possa ter um caráter suficientemente abstrato para não ser reduzida ao que o ambiente lhe fornece como representação do divino, porque a raça negra encerra no seu corpo um cárcere de ordem estética e epistêmica. Ou seja, a religião e a arte produzidas pelas culturas da África negra corroboram, aos olhos de Kant, um limite estético para a autodeterminação das pessoas negras. É como se no corpo negro Kant encontrasse um limite congênito para o exercício pleno da humanidade.

A questão que Hegel irá responder é se essas questões ambientais, tomadas por Hegel, aliás, como pertinentes observações científicas,[71] não seriam responsáveis por condenar eternamente as pessoas africanas à condição de subalternidade ou, pelo menos, inscrevê-las numa horizonte fora do tempo no qual o espírito humano caminha na tarefa da autoconsciência.[72] Ou seja, será que essas observações de cunho científico a respeito do clima e da constituição corporal das pessoas negras não seria um empecilho para que elas conseguissem realizar

---

70. Nesse ponto, Mingolo mostra o encontro do conceito de branquitude com o de colonialidade no sentido de localizar o lugar do qual parte o discurso filosófico da modernidade, que é a Europa. O discurso filosófico fala mais de um lugar do que de um universal abstrato (2017). O discurso filosófico da modernidade tem um lugar de fala, a exemplo dos demais discursos filosóficos. A filosofia nunca fala de um não-lugar ou de lugar nenhum.

71. Sobre esse assunto ver Sanguinetti (2021) e Livingstone (2002).

72. Aprendi com Federico Sanguinetti que Hegel está de pleno acordo com o racismo científico de sua época e parte dele para fazer as suas considerações sobre a raça. Portanto, a sua metafísica, que justifica o racismo a partir do conceito de História, não pode obliterar a sua adesão também ao racismo científico como mostra muito bem o referido colega e amigo (Sanguinetti, 2021).

algumas tarefas próprias do espírito e que acompanham o desenvolvimento moral e político da humanidade?[73]

A modernidade: um projeto de supremacia branca contra um corpo tribal[74]

> ... o racismo estabelece uma hierarquia racial e cultural que opõe a "superioridade" branca à "inferioridade" negro-africana. A África é o continente "obscuro", sem uma história própria (Hegel); por isso a Razão é branca, enquanto a Emoção é negra.[76]

> O Ocidente quis ser uma aventura do espírito. Foi em nome do espírito – do espírito europeu, entenda-se – que a Europa justificou seus crimes e legitimou a escravidão...[77]

A modernidade como projeto se institui com um regime de historicidade, para recuperar aqui a expressão de François Hartog, em que a fantasia do futuro é tomada como um modo de viver a experiência mesma do presente.[77] O presente só tem sentido quando antecipa a lógica daquilo que lhe será consequência. Em outras palavras, o presente, nesse contexto, só faz sentido quando se projeta naquilo que lhe é expectativa. Não se trata de qualquer expectativa, mas daquela que já se define como um

73. Mbembe é agudo quando mostra que um dos traços centrais do racismo foi a promoção da cultura negra àquela cultura que não muda com o tempo por se ancorar apenas no que o presente lhes oferece como condição imediata e constante. Presas ao imediato às populações negras não poderia, argumenta Mbembe "enunciar o universal" (2022, p. 160).

74. Mbembe (2022) teceu uma análise primorosa sobre os modos de gerenciar a dor no sistema colonial.

76. Gonzalez, 2020, p. 135.

77. Fanon, 2022, p. 83.

77. Hartog, 2013.

melhoramento moral e político em face do que existe. É quando o presente só existe, no seu sentido, como portador de uma direção na forma de uma promessa de melhora.

Com a filosofia de Hegel, a modernidade é a tomada de consciência dessa seta: do caminho. Ou, mais precisamente, é a tomada da consciência de que o espírito humano se desenvolve no tempo no qual ele realiza a contínua tarefa de compreensão de si. Hegel dizia: a tarefa da autoconsciência[78] que reconhece, nas palavras acertadas de Denise Ferreira da Silva, que "nada é externo a ela mesma porque com ela mesma, cada coisa existente é um momento, uma atualização do espírito, a causa e o fim".[79] Ou seja, com a compreensão da autoconsciência como o espírito, Hegel eleva todos os significantes da modernidade, como mostra na sua obra a referida autora, ao patamar de projeto de um mesmo enredo, ainda que as suas cenas possam se desenlaçarem de modo contingente. A modernidade não é um momento na História, mas a própria forma pela qual a História ganha sentido como narrativa do universal. Com Hegel, a modernidade não se esgota mais no seu tempo histórico.[80]

Desse modo, a modernidade se impõe, sobretudo, como uma seta, uma destinação nas palavras de Hegel, e não apenas como um momento circunscrito a uma gramática historiográfica. Nesse sentido, ela se projeta quando lança sobre o presente o fantasma do futuro promissor e iluminado.[81] A luz ilumina o que está na

---

78. Reconhecer que o colonialismo e a colonialidade estão presentes no projeto hegeliano não impede, contudo, que a obra de Hegel possa ser tomada, no que ela oferece de teoria da ruptura, como um manancial teórico capaz de se opor ao colonialismo. Sobre este ponto me fio na análise aguda de Alison Stone (2017, p. 2).

79. Silva, 2007, p. 73.

80. Ibid. p. 143.

81. Quando o Iluminismo se projeta como um movimento que aponta para uma emancipação, que só se realiza quando determina o seu outro, ele está, na verdade, colocando-se como um instrumento imperial de subalternização das pessoas negras. Santiago Castro-Gómez *et al.* traçam linhas muito pertinentes quanto a este ponto e, em particular, quando sublinha como o discurso iluminista cumpre a função ideológico da colonização e será base para que a colonialidade se estenda nas próprias ciências humanas (Castro-Gomes et al. 2014, p. 90-91).

frente, deixando tudo que está atrás na sombra.[82] No regime moderno não existe um projeto de futuro sem sombrear o passado, especialmente aquele que é reputado como a antítese do moderno, e não à toa Hegel reputou na sua obra *Filosofia da História* a Idade Média como a Idade das Trevas.[83] A luz mais do que ilumina, apaga. Ou ainda: ela só ilumina o que lhe é de interesse para apagar aquilo que considera pouco relevante.

É nessa perspectiva que a modernidade é uma espécie de destinação para Hegel, uma vez que a História só expressa a razão na modernidade quando ela é capaz de conferir uma projeção da ação humana que vai para além do presente e se institui numa promessa de um caminho que nos elevará a uma condição moral superior. Modernidade, no dizer hegeliano, não é o período que se reduz a um mapeamento do tempo, produzido pela historiografia, nem tampouco a modernidade se reduz ao momento no tempo que foi gestado por Descartes e desenvolvido até Hegel, porque é nela que o tempo deixa de ser apenas aquilo que passou, mas passa a ser, com a noção de história, a própria expressão do

---

82. Tendo a acompanhar a posição do meu amigo e colega Federico Sanguinetti que antes de oferecer uma resposta definitiva quanto à relação de imbricação e necessidade entre a concepção de ser humano e o racismo na obra de Hegel, entende que os textos racistas de Hegel pelo menos devem acender um alerta quanto à relação tensa entre o projeto de modernidade e humanidade, empreendido pela filosofia moderna no tocante aos seus traços racistas. Com o artigo de Sanguinetti passei a ter consciência do que poderíamos tecer uma cartografia das posições e interpretações da obra de Hegel. Existem, segundo ele, pelo menos três posições relativas à relação entre Hegel e o racismo: 1) A posição de que é possível separar o racismo de alguns textos de Hegel dos seus principais conceitos. Para sustentar que Hegel não é racista, a base do argumento é de que seu universalismo não comportaria elementos racistas e que, portanto, seria possível separar os elementos racistas do pensamento de Hegel do resto de sua obra (podemos ver essa posição em McCarney, 2010); 2) A posição de que a filosofia de Hegel tem componentes racistas que não podem ser simplesmente separados de alguns dos seus conceitos; e 3) A posição de que não apenas a obra de Hegel seria movida pelo racismo, mas que a sua compreensão de humanismo estaria diretamente ligada ao racismo, isto é, o racismo seria responsável pela própria criação do conceito de humanidade em Hegel (Sanguinetti, 2021). Interessa-me aqui menos, como no caso de Kant, disputar com a literatura o alcance do racismo de Hegel do que lançar luz sobre como esse discurso racista ecoa tão fortemente para a consolidação de uma episteme racista e em conformidade com a qual haveria uma justificativa filosófica para o racismo.

83. Hegel, 1999, p. 369.

desenvolvimento da razão no sentido que se modernizar é a tarefa por excelência do espírito.

Se de algum modo essa compreensão da modernidade já era desenhada por Kant quando recorria à imagem da maioridade da razão e nos seus escritos sobre História, é com Hegel que a modernidade passa informar a compreensão universal do tempo de toda história humana, cujo critério de desenvolvimento histórico só ocorre com o exercício contínuo da racionalidade.[84]

Esse caráter universal do tempo inscreve a história humana num único prisma, cujo sentido é dado pela própria humanidade. Com essa convicção, as palavras de Hegel indicam que a História, "abstrata e irracional de um destino cego"[85] perde espaço para a construção do "princípio da unidade humana e divina, a reconciliação enquanto verdade e liberdade objetivas que apareceram no interior da autoconsciência e da subjetividade"[86] que funda a verdadeira noção de História.[87]

E quando remete a História ao desenvolvimento moral e político da humanidade, Hegel tem em mente um parâmetro conforme o qual ele consegue materializar esse desenvolvimento e escalonar as diferentes culturas ou povos de acordo com a

---

84. O colega Franz Knappik em parceria com Daniel, James sustentam, num artigo com base num abundante material tanto de obras de Hegel quanto de suas palestras, recentemente transcritas, que Hegel integra a hierarquia das raças à sua estrutura metafísica. Eles se contrapõem, a uma leitura, hoje motivo de críticas, que tenta dissociar o racismo de Hegel de sua filosofia sem prejuízo. Contudo, para uma tentativa, que eles empreendem no artigo, de "salvar" Hegel ou de compreender que alguns pontos da filosofia hegeliana podem ajudar em significativas reflexões filosóficas. De qualquer forma, para eles a filosofia hegeliana tem apontamentos racistas desde sua gênese e não se trataria de um incidente circunscrito a uma fase da obra de Hegel. Ele estaria desde a época de Viena (Knappik; James, 2022).

85. Hegel, 2009, p. 306.

86. Idem., p. 313.

87. Segundo Federico Sanguinetti há pelo menos duas noções de liberdade em Hegel: a Liberdade no sentido formal, que compreende a capacidade de saber quais orientações que normatizam o nosso comportamento, e a liberdade como "consciência da autonomia da liberdade formal" (Sanguinetti, 2021). Nessa última acepção estaria o debate da Filosofia da História de Hegel, uma vez que ela se desenlaça no plano coletivo e é com ela que opero nesta parte do meu livro.

proximidade com os princípios da razão.[88] Para tanto, Hegel igualmente tem mente os povos africanos como o contraponto aos princípios que a razão impõe para o desenvolvimento do espírito.[89] Assim, considerando a História como uma produção da razão humana, Hegel relega a África à condição de um continente onde as pessoas não são capazes de fazer história. Para ele: "A África não é parte histórica do mundo [...] não tem movimento ou desenvolvimento a exibir".[90] A justificativa da África não figurar no tempo é que entre as pessoas negras não haveria qualquer "intuição" daquilo que ele tomava como expressão máxima da civilização e do próprio desenvolvimento histórico: o Estado na forma de um sistema racional de leis.[91]

No continente africano não haveria continuidade no desenvolvimento do espírito, mas apenas uma horda de pessoas movidas por interesses exclusivamente imediatos e sem qualquer coordenação racional capaz de lhes conferir as condições para a fundação de um Estado. Em outras palavras, os povos africanos, assim como os animais, não planejam as suas vidas para além do crepúsculo do dia. Eles apenas representam, segundo Hegel, a natureza selvagem e indomada.[92] Por estarem presas ao que está no âmbito do imediato, as sociedades africanas seriam refratárias, para Hegel, à própria noção de tempo.[93]

---

88. Dentre os vários textos que apostam na tese do anacronismo para desfazer o racismo nos filósofos modernos e especial em Hegel: McCarney (2003) e Pinkard (2012).

89. Sobre esse ponto, Purtschert (2010) reafirma que o discurso hegeliano se espraiou tanto à direita quanto à esquerda do espectro político.

90. Sobre esse ponto, a seguinte abordagem crítica da obra de Hegel é tanto precisa quanto detalhada: McClintock (2018, p. 73).

91. Ver (Hegel, 2009, p. 84). Kabengele Munanga relata o esforço dos historiadores e das historiadoras negros e negras para mostrar de forma detalhada os impérios, civilizações existentes na África e sonoramente apagadas por Hegel nos seus escritos (Munanga, 2020, p. 52).

92. Hegel, 1999, p. 83-86.

93. O domínio sobre o tempo ou, mais precisamente, sobre o modo de se dizer do tempo e do seu desenlace, é instrumento de dominação poderoso. Ou seja, não apenas o modo de contar a história é decisivo num processo de colonização, mas é igualmente importante, destacava também Mbembe (2022, p. 160), a forma como se usa o conceito de tempo para cristalizar e fixar certas culturas no modelo do que não pode ser avançado porque

Apesar dos diversos impérios e de suas respectivas tecnologias, a África permanece obscurecida por quem acreditava portar a luz da razão, mas que a dirige apenas para o seu próprio espelho. Nesse sentido, tudo que é selvagem, no presente caso a organização social reportada como tribal, é expressão da irracionalidade dos povos que pautam as suas relações sociais sem a mediação do Estado, tal qual Hegel o compreende. Esse princípio máximo da razão foi confiado, segundo Hegel, aos povos europeus e especialmente os germânicos.[94]

Assim, se para Hegel na sua obra *Filosofia do Direito*, o Estado é tomado como o "princípio da unidade humana e divina"[95] em contraponto com a selvageria, que marcaria inicialmente a experiência humana, é porque do outro lado existem povos que ainda não atingiram uma condição mínima de sociabilidade que lhes permitisse a constituição de um Estado.

Com isso, é importante sublinhar que se o sujeito, tomado como entendimento puro (lembrando que a palavra entendimento figurou frequentemente no título de obras dos filósofos modernos) é um vetor-chave para compreender a modernidade, sobretudo de um ponto de vista epistemológico, a palavra *Estado* compõe o outro vetor que dá à modernidade a sua dimensão disciplinar. Embora eu tenha interesse neste momento do meu texto em abarcar mais a filosofia hegeliana, a centralidade do Estado na filosofia moderna borra qualquer fronteira geográfica que queira se instaurar como uma diversidade incomensurável entre os diferentes paradigmas do moderno. A modernidade como projeto filosófico converge, nas suas mais variadas acepções, para o Estado como a expressão racional da vida pública.

Meu ponto é que se é possível variar a concepção de Estado, como se variava algumas vezes, aliás, a concepção de

---

está sempre condenado ao tempo presente. Como se certas culturas fossem lidas como expressões de uma relação uniforme e constante com o mundo como supostamente seriam as relações que os animais guardariam com o mundo.

94. Hegel, 1999, p. 313.

95. Hegel, 2009, p. 313.

entendimento, claro. No entanto, a sua centralidade como figura responsável pela continuidade do autodisciplinamento do indivíduo, na forma agora de uma coesão social e racional, inscrita num sistema de leis, mantém-se, e é para ela que se voltam as reflexões filosóficas da modernidade.

As diferentes formatações do Estado, portanto, não indicam uma disparidade de propósitos na filosofia quanto à função do Estado de garantir a racionalidade das ações num plano comum da razão. Com efeito, Hegel toma o Estado como critério para o reconhecimento de organizações sociais como um *povo*. O povo só ganha a sua identidade quando vive num plano racional comum inscrito na existência de um Estado. Para Hegel, apenas os povos que formam um Estado são dignos de atenção, porque só no Estado a "liberdade ganha o seu valor supremo".[96] E é nesse contexto que o Estado germânico é afiançado pelas palavras de Hegel como a expressão da modernidade para lançar sombra em todas as organizações sociais que não se coadunam com a expressão europeia do Estado. Desse modo, a concepção filosófica do Estado não é um empecilho para que ele ganhe materialidade no Estado germânico, nem para que se indique a sua falta no que tange às culturas africanas.[97] Pelo contrário, o Estado compõe um identitarismo racial com o qual se pode discriminar as culturas e tomá-las numa escala hierárquica porque o que está em jogo no racismo é a organização social e não apenas os indivíduos negros.

Na sua crítica ao modelo contratualista, Hegel confere um patamar metafísico à liberdade porque mostra que ela não deve ser pensada apenas na esfera do indivíduo, mas como

---

96. Hegel, 2009, p. 217.

97. Hegel recorre a diversas estratégias supostamente argumentativas e seguramente cruéis para rebaixar as pessoas negras a uma condição desumana. Uma delas foi sustentar que as pessoas negras tinham muitos filhos para poder vendê-los como escravos (Hegel, 1999). Essa afirmação de Hegel não apenas é falsa e arbitrária como, mais gravemente, é um escárnio com o sofrimento das pessoas africanas, cuja tristeza por terem as suas famílias mutiladas é descrita com agudeza por Cugoano (1787, 1999). Ademais, certamente Luiz Gama, um jurista iminente e decisivo no processo de abolição da escravidão no Brasil, tem uma história marcada por ter sido vendido por seu pai (um português branco) como escravo, mesmo tendo nascido livre.

uma realização levada a cabo pelos povos quando assumem o Estado como condição mesma da vida pública.[98] Apenas no Estado o espírito humano "tem objetividade, verdade e moralidade",[99] ainda que esses três elementos nunca encontrem uma fórmula acabada e fechada, mas sejam apenas uma indicativo do caminho para aonde a humanidade deve seguir a fim de realizar continuamente a tarefa do espírito.[100]

Assim, o que estava no plano individual para os contratualistas ganha com Hegel o seu *ethos* definitivo – a expressão, sabemos, é *eticidade* – com o Estado na comunidade de seres racionais, cujo resultado é o exercício pleno da liberdade, visto que apenas no Estado a "liberdade obtém a sua objetividade".[101] A liberdade perderia, segundo Hegel, em subjetivismo, que estava abundante na sua formulação pelos contratualistas, em cujo foco estava o indivíduo, para definitivamente se colocar como condição mesma de tudo aquilo que se efetiva ao longo da História humana. O sujeito moderno é, sobretudo, uma comunidade de seres racionais, cujas ações, ainda que comportem isoladamente uma dimensão de contingência, se deslancham numa totalidade racional para formar a história de um mesmo desenvolvimento da razão.

Hegel inscreve a dimensão da racionalidade do indivíduo num projeto de racionalidade das instituições que procedem por uma espécie de vontade geral ou, poderíamos dizer, para sermos talvez mais hegelianos, visto que Hegel era crítico daquele

---

98. Alguns intérpretes do pensamento de Hegel sublinham que mesmo ele sendo cauteloso com a compreensão científica da sua época de que o clima poderia determinar, em algum nível, a organização política dos povos, ele não deixa de frisar que o clima pode ser "um empecilho para o desenvolvimento do espírito" (Hegel apud Livingstone, 2002, p. 165).

99. Hegel, 2009, p. 271.

100. Para Hegel, a transposição do direito privado para a constituição do Estado, ponto para o qual converge a teoria contratualista inglesa, expressa um equívoco inestimável porque confunde o público com o privado e afasta-se da compreensão do Estado como a realização da vida ética e, portanto, racional. Para ultrapassar os limites da sociedade civil é preciso, primeiramente, distingui-la do Estado, o que não ocorria com a doutrina contratualista.

101. Hegel, 1999, p. 91.

conceito de Rousseau: vontade racional.[102] De qualquer forma, a racionalidade que governa tudo que é efetivo ganha no Estado a sua forma mais acabada porque nele instituímos as leis racionais para nós mesmos e agimos num regime de eticidade.

Nessa perspectiva, é possível encontrar no interior do continente europeu uma disputa pela hegemonia do modelo de Estado, como havia disputa pela hegemonia na colonização, mas a modernidade enquanto projeto coloca o Estado como o único responsável por determinar a conduta racional. Portanto, apenas o Estado pode inserir as nações naquilo que Hegel chamou de História Universal.

Com Hegel, a modernidade tem uma de suas principais sínteses enquanto um projeto europeu e centrado na branquitude por colocar o modelo de Estado europeu, no caso de Hegel mais especificamente o Estado alemão, como o norte ou a referência de Estado. O foco desse projeto está na compreensão de que só há um destinamento para a História, que passa pela recusa das formas de vida não europeias que só podem ser redimidas de sua suposta selvageria, caso adotem o modelo europeu. Assim, se é verdade que o conceito de Estado de Natureza se aplica ao novo continente (as Américas), ele também se refere expressamente à África. Se acompanhamos, por exemplo, uma das definições que Hobbes oferta do estado de natureza, é muito difícil não reconhecer que Hegel a aportará, ao seu modo, para os povos africanos. Mesmo argumentando que o estado de Natureza não seria uma descrição fiel para todos os povos, Hobbes abre uma exceção para dizer que os povos selvagens em muitos lugares da América vivem num estado contínuo de guerra uma vez que "não possuem qualquer espécie de governo, e vivem em nossos dias naquela maneira embrutecida que me referi".[103]

Para Hegel, o fato de os povos da África negra não serem governados pela compreensão de Estado por ele arrolada em

---

102. Para Hegel, a compreensão de Rousseau da *vontade geral* dá margem aos revolucionários da França a imprimirem o estado de terror em nome da vontade geral. Sobre esse ponto ver: Bourgeois, 1999, p. 93.

103. Hobbes, 1983, p. 47.

sua obra é a demonstração cabal de que as pessoas negras não atingiram o nível de um exercício racional e coletivo de sua liberdade. Afinal, para Hegel, uma das principais características do negro é de que "a sua consciência não atingiu a intuição de qualquer objetividade fixa".[104] Por isso, quando Hegel se debruça sobre a constituição política dos povos africanos ele afirma que

> A própria natureza deles impede a existência de qualquer constituição desse tipo. O ponto de partida da humanidade neste nível é arbitrariedade sensível junto à energia da vontade, pois as determinações gerais do espírito – por exemplo, a moralidade familiar – não podem ter aqui nenhuma validade, já que toda universalidade é escolha subjetiva arbitrária. Por isso, a coesão política não consegue ter o caráter de leis livres que compreendem o Estado.[105]

O conceito de Estado de Natureza não se reduz, como insistentemente mostrou Charles Mills, a uma abstração ou a uma hipótese sobre as relações que antecedem a formação do Estado e isso ficou claro na passagem que citamos de Hobbes. Esse conceito serve também de critério identitário para definir uma legião de povos que estaria, prefiro dizer com as palavras de Mbembe por me soarem tão precisas, "emparedada num tempo de certa maneira pré-ético e possivelmente pré-político".[106] A ausência de um Estado em conformidade com o modelo europeu autoriza o entendimento dos povos africanos como um composto de espécimes dentre os quais não se nutre um espírito público na forma de uma ação coordenada racionalmente com vistas a instituir regras consentidas para a constituição de um pacto social. Em outras palavras, quando toma o Estado de Natureza ou mesmo a sociedade civil, como no caso de Hegel, como a definição do pré-político, do que está aquém da arena do dialogo, o passo seguinte é estampar a África negra como o lugar em que

104. Hegel, 1999, p. 84.
105. Idem., p. 86.
106. Mbembe, 2018, p. 97.

a política é negada porque a sua população ainda estaria numa espécie de estágio infantil.[107]

Os efeitos dessa concepção tribalista dos povos africanos ecoa na sua forma colonial, nas narrativas que justificam os conflitos armados naquele continente desde o início do processo de colonização aos dias atuais. Aprendemos muito sobre isso lendo os trabalhos de M'Bokolo e Vidal, mas o que tenciono sublinhar aqui é que, para o discurso filosófico da modernidade, o cerne do argumento é que a natureza selvagem do africano o levaria inevitavelmente a uma espécie de fratricídio e que, portanto, só os valores europeus de estado e liberdade poderiam lhes livrar da autodestruição.[108]

Essa construção teórica governou ideologicamente todo processo de escravidão do Brasil. Ela funcionou como lastro epistêmico para subsidiar os argumentos conforme os quais se sustentava que o fim do sistema escravista deveria ser muito gradual; como, aliás, de fato, foi. Esse fim gradual garantiria que houvesse tempo de incutir nas pessoas negras o ideário europeu e, por conseguinte, lhes tornar humanas, uma vez que a única forma de se reconhecerem como humanas seria se investindo dos valores europeus. Isto é, as pessoas negras só poderiam ser tomadas como humanas, se vestissem "a máscara branca".[109] Em outras palavras, as pessoas negras poderiam até atingir a condição da humanidade, mas desde que abandonasse as suas tradições africanas e assumissem a cultura europeia.

---

107. Em várias passagens Hegel acentua o caráter infantil da cultura da África Negra. Assim, a fusão do corpo negro com a natureza teria como consequência, como nos ensina novamente Sanguinetti: "uma condição de infantilidade cultural e um sensualismo irracional e desprovido de limites" (Sanguinetti, 2021, p. 22).

108. M'Bokolo e Vidal produziram vários textos que mostram a forma pela qual o Ocidente constrói a representação dos conflitos da África pela ótica de uma animalização das pessoas negras inscrita no suposto caráter tribal dos conflitos que encontram lugar naquele país, mas para os quais é fundamental perceber o papel desempenhado pela Europa na própria colonização (M'Bokolo e Vidal, 2017). Sabemos que uma estratégia usada pela Europa para manter o seu poder na África, mesmo após a abolição da escravatura, foi fomentar conflitos internos no continente (Costa e Silva, 2022).

109. Buck-Morss, 2009.

Nesse sentido, enquanto a Europa um pouco mais rapidamente substituía a mão de obra escrava pelo nascente proletariado e nas suas fábricas empreendia uma nova etapa do projeto de modernidade, calcado na espoliação dos trabalhadores/as brancos e remunerados/as de modo bastante precário;[110] no Brasil, a lógica da operação escravista seguia sob a anuência do discurso racista. Isto é, tal discurso se mantinha como lastro para a manutenção da escravidão em parte do Atlântico, ainda que ela fosse perdendo espaço para uma segunda fase da modernidade na Europa cujo financiamento teve como lastro a própria exploração das colônias.

No entanto, o fim da escravidão – paulatino e a conta-gotas no Brasil – não implicou um arrefecimento do discurso racista. O racismo apenas ganhou uma nova forma. E no Brasil o início da formação universitária e da inteligência brasileira, que marcava o início do processo de modernidade brasileiro no sentido de assumir a forma de uma república não mais escravista, se dava no campo das ciências que serão duplamente responsáveis pela racialização do corpo negro. Por um lado, no direito, como ciência e prática, fomentam-se as ideias responsáveis por orientar a construção das leis da debutante república, cujo principal propósito é encarcerar as pessoas de cor.[111] Por outro, as faculdades de medicina fabricam as condições para manter no nível científico o processo de racialização do Brasil.

Em suma, o corpo negro, reduzido à imagem de ser apenas um corpo governado por instintos primários e compreendido, na sua comunhão com outros corpos negros, como uma horda selvagem, será na modernidade brasileira a lembrança de um passado que deve ser cadaverizado. Isto é, um passado que deve ser apagado,

---

110. Losurdo, 2006.

111. O movimento republicano tinha uma base eclética de adeptos e reunia tanto escravistas quanto abolicionistas (Carvalho, 1987, p. 53). Desse modo, o advento da república não representava necessariamente uma melhora de vida das pessoas negras. Talvez isso tenha influenciado a indefinição ou hesitação de pessoas negras como José do Patrocínio entre assumir uma posição republicana e certa defesa da monarquia (Guimarães, 2021, p. 55).

como já ocorria com os indígenas, para que a marcha irrefreável do progresso redima o Brasil de sua negritude.

Um delito de cor: a modernidade transatlântica

> O racismo latino-americano é suficientemente sofisticado para manter negros e índios na condição de segmentos subordinados no interior das classes mais exploradas, graças à sua forma ideológica mais eficaz: a ideologia do branqueamento.[113]

A morosidade com a qual o sistema escravista se encerrou no Brasil não deixou de estar consoante à filosofia hegeliana. Para Hegel, a escravidão só poderia ser abolida gradativamente: "a abolição progressiva da escravatura é algo mais apropriado e correto do que a sua abrupta anulação".[113] Esse modo compassado por meio do qual a escravidão deveria se encerrar se coaduna com a compreensão de que seria necessário "incutir" nas pessoas negras o ideário europeu.[114] Em outras palavras, Hegel já antecipava que o fim do sistema escravista não indicaria o fim do projeto colonial de domínio sobre a cultura e o conhecimento de modo geral. E ele persistirá numa forma brutal e, ao seu lado, o racismo ganhará novos contornos.

Tenho consciência de que para a palavra colonialismo existe uma longa lista de interpretações que procuram negritar os principais vetores responsáveis por lhe definir. Pretendo usá-la de modo econômico. Falo em lógica colonial ou de um colonialismo (no sentido de uma perspectiva de colonialidade). Com isso,

---

113. Gonzalez, 2020, p. 131.
113. O modo compassado por meio do qual a escravidão deveria se encerrar se coaduna com a compreensão de que é preciso "incutir" uma dignidade aos negros que a natureza nunca lhes deu (Hegel, 1999, p. 75).
114. Hegel, 1999, pp. 77-78.

entendo que o colonialismo pode ser pensado no Brasil como a permanência de formas de subalternização raciais que são homologadas como mecanismo de discriminação e controle social.

Nesse sentido, o colonialismo institui uma dupla identidade: por um lado, a da civilização ou raça superior e, por outro, a das raças ou povos subordinados. Com essa definição consigo recuperar um aspecto relevante da obra de Aimé Césaire[115] que é a compreensão de que o projeto colonial se caracteriza pela coisificação das pessoas que, assim como o seu território, são tomadas como *commodities* econômicas. Essa coisificação seria mediada pela identidade racial que serviria de lastro para justificação da própria coisificação, como argumenta Munanga,[116] uma vez que a coisificação só incidiria sobre as pessoas negras e os seus territórios, tratados basicamente como objetos.[117]

Essa definição é econômica conceitualmente e serve apenas para salientar o propósito da primeira parte do meu livro, que consiste em reconstruir a formulação do racismo na modernidade ocidental com foco na corporeidade negra. Nesse sentido, a lógica colonial persevera enquanto persistir a subalternização da corporeidade negra ao modelo da branquitude, segundo os termos sublinhados por Fanon em consonância estrita com Aimé Césaire.[118] Ou seja, mesmo que o conceito de raça sofra mutações por sua plasticidade histórica, ele permanece como dispositivo de controle social e discriminação entre as pessoas por meio de uma identidade corporal ou mais precisamente epidérmica.

É com essa perspectiva que podemos entender que no Brasil a modernidade se define, entre outras coisas, com um projeto

115. Césaire, 2020, p. 24.

116. Munanga, 2020, p. 76.

117. Kabengele Munanga argumenta que a identidade negra é uma construção histórica informada por uma perspectiva ocidental sobre a diversidade de povos de parte da África. Ela é uma criação com vistas unicamente a legitimar a exploração das pessoas do continente africano (Munanga, 2020, p. 19).

118. A colega Lia Schucman oferece uma definição de branquitude que me parece tanto abrangente quanto precisa. Ela insiste que "os brancos tomam a sua identidade racial como norma e padrão, e dessa forma os outros grupos aparecem, ora como margem, ora como desviantes, ora como inferiores". (Schucman, 2014, p. 46).

racista. Ela se desenhará, portanto, sem abrir mão dessa lógica colonial. Assim, se o discurso filosófico da modernidade, profundamente colonial, como tentei mostrar, perde protagonismo nas ciências humanas para a modernidade dirigida pelo discurso científico, que se consolida no final do século xix na Europa, permanece a certeza no Brasil de que a modernidade é um projeto racial. O que define a modernidade, nesses termos propostos aqui, é o objeto contra o qual ela se volta: o corpo negro e os demais corpos não brancos considerados selvagens. Em outras palavras, se trata de um projeto que continua, mesmo após o fim do sistema escravista, tomando especialmente as pessoas negras (que circulavam bem mais do que as pessoas indígenas nos espaços urbanos, onde a modernidade ganhará a sua principal feição) como a sua imagem antitética. O negro e a modernidade na medida em que são incompatíveis servem de definição um do outro. Afinal, é na modernidade que se cria a concepção de raça como um dispositivo epistêmico para afiançar que certos povos jamais poderiam ser plenamente modernos.

Se a modernidade pode ser dita no plural, acho que quanto a isso não restam dúvidas, parece-me que um ponto de convergência entre vários estudos está no que se considera a antítese da modernidade. Neste ponto preciso, a modernidade é entendida como a manutenção de um projeto de domínio das pessoas negras por meio do discurso colonial da sua subordinação aos valores do identitarismo branco. É com esse conceito de modernidade que opero aqui; a modernidade como um projeto racista que se mantém mesmo após o fim do regime escravista. Com efeito, o modo como o discurso da modernidade se desenlaça aqui tem os seus nuances e caminhos próprios, uma vez que o Brasil foi o último país a abolir o sistema escravista.[119] Deixem-me fazer

---

119. É evidente que a modernidade filosófica é diversa. Tentei recuperar alguns pontos em comum no que diz respeito ao modo pelo qual vários filósofos sustentaram uma inferioridade racial dos africanos/as por meio da construção de uma identidade racial negra em contraponto a um padrão universal que se confundia com a Europa. No Brasil, o discurso filosófico da modernidade ganhará alguns matizes, mas permanece focado no

algumas anotações a respeito disso sem a mínima pretensão de esgotar o tema da modernidade, nem tendo a mínima pretensão de definir a modernidade em termos absolutos, mas com o fito de mostrar que uma das características centrais da modernidade é colocar a pessoa negra numa condição de inferioridade.

A modernidade, entendida como ruptura diante do arcaico, que Hegel identifica com a Idade Média ou Idade das Trevas, e a promessa irrefreável do novo, instala-se como uma ideia. No Brasil essa ideia tem como alvo a mesma raça que o discurso filosófico da modernidade reafirmou como inferior. Contudo, ela se veste de uma nova roupagem que reconfigura o racismo. Agora, ela opera na lógica da segregação racial e tem como principal foco a marginalização do corpo negro, que se constitui em duas frentes correlacionadas. Por um lado, pelo descarte social do corpo negro (pós-abolição) para a afirmação do monopólio da visibilidade do corpo branco e dos corpos embranquecidos nos espaços de aparecimento.[120] Por outro, pelo reforço do estigma do corpo negro como moroso e preguiçoso para o tempo acelerado, exigido pela modernidade e o seu processo de industrialização.

Esses pontos se entrelaçam e convergem para tornar o corpo negro a imagem do *abjeto*; tomo de empréstimo o conceito de Butler,[121] para ressaltar a ideia, contida na origem latina do termo, de ab-jeto, *daquilo que se joga para fora*. Isto é, o corpo negro é tomado como um corpo que carrega na sua existência aquilo que deve ser repelido e, depois, apagado.[122]

---

corpo negro para o identificar ao que é inferior. Nesse sentido, mesmo o suposto resgate da cultura negra pelos modernistas paulistas, por exemplo, inscreve-se numa lógica colonial, como argumenta extensamente Rafael Cardoso. Não havia, assim, combate à hegemonia colonial por parte de artistas e intelectuais da Semana de Arte Moderna, mas uma espécie de folclorização da cultura responsável por "perpetuar estereótipos" (Cardoso, 2022, p. 26).

120. Uso o conceito de espaço de aparecimento para designar os espaços, tanto privados como públicos, nos quais circulam as decisões e o poder de modo geral sobre os rumos da política.

121. Butler, 2019.

122. A modernidade na perspectiva negra é complexa e não necessariamente pode ser entendida de modo monolítico. Quem nos lembra disso é Guimarães (2021, pp. 76-80).

Foram diversas formas de apagamento. Enumerar algumas delas aqui não será exauri-las. Serve para mostrar como elas convergem para a perseguição do corpo negro e desfazem qualquer pretensão de ler o Brasil pela chave da democracia racial.[123] Elas são as veredas das quais seguem algumas considerações filosóficas a respeito do racismo.[124] Vou considerar aqui algumas das várias formas de promover a retirada do corpo negro do espaço público já mapeadas por pensadores e pensadoras do Brasil e para as quais não tenho nada a contribuir. Não serei exaustivo, mas circunspecto aos pontos em cujo foco está o corpo negro uma vez que a minha hipótese, já desenvolvida por pensadores como Oracy Nogueira,[125] é de que o racismo no Brasil se mantém no enquadramento epidérmico.[126] Seguem dois pontos que obviamente se entrelaçam e que já foram extensamente discutidos pelas humanidades no Brasil com destaque para o recente trabalho de Ynaê Lopes Santos (2022), que reconstrói a História do Brasil pela chave do racismo:

Ele mesmo reconhece que se manteve na modernidade a percepção da caricatura da pessoa negra. O corpo negro permanece como o lugar privilegiado do racismo.

123. Se há um ponto de convergência entre pensadores negros e pensadoras negras quanto ao principal vetor para o recalcamento do racismo no Brasil, sobretudo a partir da década de 1930, é a entronização do ideário da democracia racial. Diferentes perspectivas sobre o racismo guardam na democracia racial o seu lugar de crítica ao modo como aquele conceito serviu para apagar o racismo nas suas diversas expressões de violência. Ver por exemplo: Nascimento (2020, p. 54), Souza (2021, p. 50-51), Gonzalez (2020, p. 201-204), Carneiro (2011, p. 142) e Moura (2020, p. 92).

124. A crítica à democracia racial ganha contornos de uma radicalidade quando questiona a possibilidade da existência de uma democracia racial em algum momento na História, cuja construção foi realizada por meio de uma discursividade calcada na antinegritude. Não existe na humanidade, como formulada pela posição da antinegritude, a possibilidade de uma democracia racial (Vargas, 2020).

125. Oracy Nogueira traça uma diferença entre o racismo nos Estados Unidos e no Brasil, mostrando que diferente dos USA, onde o racismo seria de origem, no Brasil ele se carcateriza por ser de marca, isto é, de fenótipos e epidérmico. (Nogueira, 2007).

126. Assim, mesmo o judeu sendo vítima do antissemitismo no Brasil, ele pode, como assere Lia Shucman, ser tomado como um branco; o que é completamente vedado a uma pessoa negra e é o que demonstra a força do racismo calcado na epiderme, visto que basta uma simples e rápida observação para identificar um corpo como um corpo negro. Vou me debruçar mais sobre isso no próximo capítulo.

1. O processo de modernização do Brasil foi marcado por uma perseguição das pessoas negras e pela criminalização da cultura negra;

2. O processo de modernização da força de trabalho e do advento das indústrias foi lastreado pela política do embranquecimento tanto realizada pela imigração de pessoas brancas, conhecida também como "a solução italiana",[127] quanto pelo constrangimento das pessoas negras para se embranquecerem.[128]

Meu ponto é que a modernidade brasileira se abate sobre o corpo negro para mortificá-lo. É sobre esse descarte social do corpo negro que quero me demorar agora. E ele se dá pela compreensão de que para que o projeto de modernidade possa prosperar é necessário substituir o fim da exploração escravista do corpo negro pela sua exclusão.[129]

Marginalização do corpo negro

É importante notar que o projeto da modernidade, anunciado com entusiasmo com a Proclamação da República e que vai ganhando corpo ao longo do século xx, não exclui o colonialismo porque se tratava, como negrita Clóvis Moura, "de uma *modernização* sem mudança social".[130] A urbanização, a industrialização, o regime democrático e todas as demais promessas

---

127. Sobre esse ponto consultar a importante obra de Célia Azevedo que detalha as justificativas para a imigração de pessoas brancas. (Azevedo, 2004, p. 147).

128. Skidmore, 1999, p. 81.

129. Ainda que a monarquia estivesse forte do ponto de vista de sua aceitação por parte da população brasileira quando é deferido o golpe que instala a República (Carvalho, 1987, p. 26), a situação das pessoas negras não se altera tão drasticamente no sentido de que ao seu corpo é dirigida as leis do estado na forma da punição. A perseguição policial se dirige às religiões de matriz africana e a outras manifestações culturais (Santos, 2022).

130. Moura, 2020, p. 260.

do mundo moderno foram incapazes de alterar a condição das pessoas negras que foram empurradas para a margem, no sentido inclusive literal, das cidades.[131]

É nessa perspectiva que as tradições, ensejadas nas senzalas e vivas em ambientes urbanos, sobretudo os margeando, são proibidas pelo Estado. O que em alguns contextos era paradoxalmente tolerado nas senzalas, apenas nos domingos, ou nas esquinas escondidas de alguns arrabaldes,[132] passa a ser explicitamente perseguido com a República que reduz a experiência da negritude ao que não pode ser visto na esfera pública.

Para isso, se compreende o corpo negro como aquele que uma vez livre se dispõe apenas à "vadiagem", à preguiça que concorre, segundos um dos principais jornais da época, para "a sua inutilidade".[133] Os "corpos de cor", desordeiros e preguiçosos, empacavam a ordem do progresso que a modernidade apontava para o Brasil[134] e para o qual as pessoas de cor seriam supostamente refratárias por se resignarem às condições precárias de vida marginalizada como pessoas "completamente inertes".[135] A base do discurso é que os negros se entregavam à sua própria natureza indolente. Ou seja, se mantinham os predicados justificados pela filosofia e que resumiam as pessoas negras a uma vida que se resolve no imediato. Na *Gazeta do Rio de Janeiro* reaparece a compreensão de que as pessoas negras são preguiçosas e que "Os libertos, como a generalidade deles aqui no município, trabalham para e quanto é preciso a subsistência, não manifestam empenho em querer melhorar a própria condição, nem amor à economia".[136]

---

131. Talvez antevendo isso, algumas pessoas negras tinham resistência ao regime republicano.

132. Kabengele Munanga argumenta que não apenas certas manifestações culturais eram toleradas como, a exemplo da coroação dos reis do Congo, em alguns poucos casos institucionalizadas (Munanga, 2022, p. 145).

133. *Jornal do Commercio*, 20/06/1894.

134. Rosa, 2014, p. 275.

135. Gomes e Machado, 2014, p. 89.

136. Ibid.

Com esse intuito, o Código Penal da República,[137] cujo hiato de tempo de mais de meio século em relação ao código penal do Brasil Império não oblitera a sua explícita preocupação com revolta das pessoas negras, pode ser lido, conforme sugere com razão Hertzan, como uma reação da branquitude ao medo "de que a abolição resultasse num caos socioeconômico".[138] Leia-se, na verdade, medo da violência. Era isso que estava nas elites brasileiras do final do século XIX e início do século XX, como mostra Célia Azevedo. Em seu livro, ela destaca como o medo da violência organiza a formulação das leis da recente República e determina as formas de repressão policial.[139] Afinal, como nos ensina Butler,[140] em geral, os grupos que possuem a hegemonia do poder temem a violência que eles mesmos produzem.[141] É como se houvesse consciência de que a marginalidade e a revolta fossem o destino para quem no horizonte não reconhecia qualquer coisa que não fosse o desamparo. A lei se apressava para punir quem sempre foi punido.[142]

E é no banimento do espaço público que a lei impõe ao corpo negro um não lugar com a proibição das manifestações culturais negras que irão selar o destino do segundo maior país negro no que tange ao que irá aparecer no espaço público como símbolos culturais. Se notamos a grave ausência de referências negras nos espaços de aparecimentos, repletos de esculturas que

---

137. A atuação do Estado no sentido de se servir do monopólio da violência para reduzir o corpo negro a sangue foi a prática corrente da Polícia Real no século XIX no Brasil. A polícia do Rio de Janeiro era conhecida por fazer "ceia de camarão" com os corpos das pessoas negras por meio de castigos que descascavam o seu corpo, como mostra o estudo de Thomas Holloway (1997). A intenção radicalmente racista e sádica do castigo é desconfigurar o corpo negro de sua imagem negra por lhe retirar a pele.

138. Hertzan, 2014, p. 336.

139. Azevedo, 2004.

140. Butler, 2015, p. 19.

141. Joaquim Nabuco acreditava efetivamente que as pessoas escravizadas não teriam nutrido, como um corpo coletivo, um ódio profundo em relação aos senhores de escravos. Essa percepção perdurará seja pelo mito do bom senhor (Nascimento, 2019), seja por uma compreensão de que no Brasil houve uma disponibilidade diferenciada para a miscigenação.

142. O sistema de disciplinamento dos corpos o negro se torna, a expressão de Achille Mbembe é precisa, um *idioma* ou uma linguagem em que a violência é a gramática (Mbembe, 2019, p. 87).

fazem referência quase unicamente à ocidentalidade europeia, é porque o projeto de modernidade pouco alterou a hegemonia da branquitude em legitimar o que deve estar no espaço público. O Brasil é o país em que as estátuas não mudam.

A primeira Constituição promulgada na República é o atestado da imposição de um novo fantasma para o corpo negro. O seu propósito é tornar esse corpo invisível quando persegue atividades praticadas pelos libertos e pelas pessoas negras em geral como, por exemplo, as medicinas tradicionais e a capoeira.[143] Trata-se agora da tradução da abjeção em invisibilidade, como se fosse possível que a força da lei amordaçasse o corpo negro, retirando--lhe da circulação, e lhe escondesse dos olhares civilizados. Sem quase nenhuma referência às culturas africanas, o Brasil seguia desenhando os seus espaços urbanos.

A fantasia da branquitude se ocupa agora em simplesmente tornar invisível o corpo negro e, assim, eliminá-lo – fazer desaparecer – do convívio social, porque a ele é empenhada a marca do atraso. Em outras palavras, o Brasil que fica para trás com o avanço inexorável da modernidade; é aquele que é negro, composto por povos indígenas e por não brancos de modo geral, visto que a eles e, sobretudo ao negro e ao indígena, é imputada a identidade do atraso, por sua condição própria de animalidade, em relação ao branco, que seria tomado como, nas palavras certeiras de Moura, "pacífico e progressista".[144] Portanto, o branco seria apto ao projeto de modernidade.

Assim, se é possível subscrever as palavras acertadas de Moura quanto ao reconhecimento de que o Estado brasileiro no regime escravista "se destinava, fundamentalmente, a manter e defender os interesses dos donos de escravos"[145], não menos verdade é o

143. A medicina institucional é responsável por uma das primeiras ações de silenciamento da história, visto que ela se impõe, como ressalta Moura (2020, p. 162), como um contraponto à medicina praticada nos terreiros e espaços coletivos da negritude. Em nome de um combate à magia da medicina de origem Africana se tentava matar uma cultura.

144. Moura, 2020, p. 109.

145. Ibid., p. 44.

fato de que o Estado brasileiro se comprometerá, no pós-abolição, em segregar o corpo negro do espaço público na forma de uma espécie de violência preventiva em face de uma "desordem".[146] Essa desordem acompanharia o corpo negro em suas mais diversas manifestações culturais.[147] A violência preventiva designa a ação do Estado brasileiro para marginalizar o corpo negro.[148]

Nesse sentido, o corpo negro se encontra emboscado. Ele está condenado à condição de um corpo sem vida porque foi tomado como imobilizado. O corpo negro é o corpo morto. Socialmente morto. O fantasma agora retira do corpo o que é vida para reduzi--lo à condição de cadáver.

Para as pessoas negras sobreviverem será necessário deixar o seu corpo, abdicar dele, seja no símbolo, seja na pele, visto que para sobreviver será necessário se integrar à branquitude e não apenas na língua, projeto já vitorioso, como mostrou com maestria meu amigo e colega Alessandro Silva, por parte, em nosso caso, de Portugal.[149] É preciso vestir a máscara branca para se desviar do destino mortal do ser negro. Isto é, a saída seria realizar a tarefa de embranquecer no que for possível. E como era a modernidade, se tinha até um mercado disposto a "resolver" a questão negra.

146. Ibid., p. 44.

147. Fraga, 2014.

148. A explosão demográfica de que os centros urbanos no Brasil começam a sentir de forma mais radical após a Proclamação da República leva a uma espécie de suspeição generalizada em relação a certos perfis de pessoas, mas que incidia no corpo negro para estabelecer o perfil perfeito do criminoso ou "gatuno". Em seu estudo sobre o tema, Henrique Oliveira realizou um trabalho detalhado de como procedida de modo racista o Gabinete de Identificação e Estatística no início do século xx na Bahia (Oliveira, 2020, pp. 35-37).

149. Acho tão precisas as palavras de Alexandro Silva de Jesus que prefiro citá-las para explicitar a compreensão de que o domínio da língua foi uma tentativa de dominar a inteligência das pessoas negras: "Havendo encontro, a tradução se tornava, então, o destino melhor que se podia ter: diferença entre *extermínio* e *incorporação*, fazia do ensino da língua imperialista, a 'conquista pacífica da inteligência'" (Jesus, 2019, p. 92).

Embranquecimento ou morte

Gostaria de destacar inicialmente que para a modernidade seria preciso se livrar do trabalho escravo, mas não do discurso da inferioridade das pessoas negras, tomadas – agora – como a imagem do antimoderno, nem do seu discurso correlato da superioridade das pessoas brancas. Com isso, o fim da escravidão estava longe de se desenhar como o fim do racismo, cujo discurso na República pouco diferia daquele que se espraiava com os raios da aurora da modernidade brasileira.

Nem quero aqui enumerar as várias e diferentes configurações que o racismo assume no seio da inteligência brasileira a partir do final do século XIX até boa parte do século XX: uns mais racistas, como José de Alencar, que defendida a escravidão,[150] ou Monteiro Lobato, que via com simpatia as atividades da Ku Klux Klan enquanto lamentava que "o país de mestiço, onde branco não tem força para organizar uma Ku Klux Klan, é um país perdido";[151] assim como aproveitava a personagem Tia Anastácia para exaltar todos os marcadores do racismo.[152] Outros seriam menos assertivos, como Caio Prado, mas não menos entusiasmados com a modernidade branca ou eurocentrada; como mostra o meu colega de época de graduação César Melo.[153] O que desejo sublinhar agora é mais precisamente como o racismo organiza a concepção de modernidade no Brasil, produzindo uma posição quase consensual no discurso hegemônico, de que a negritude é inapta para a modernidade na mesma medida em que a modernidade é um projeto para as pessoas brancas.

E essa associação da modernidade à branquitude é incorporada mesmo por aqueles que se opuseram à escravidão como

---

150. Alencar, 2008.

151. Lobato, 2011.

152. Sobre como Lobato retrata o negro em sua obra conferir o estudo de Marisa Lajolo (Lajolo, 1998) e Heloísa Toller Gomes (Gomes, 1988)

153. Melo, 2020.

Joaquim Nabuco,[154] e que entendiam, de modo profundamente acertado, que a escravidão se constitui como o principal problema do Brasil. Ou seja, a compreensão de pensadores, já exaustivamente estudados como Sílvio Romero e Oliveira Viana,[155] de que a modernidade não poderia ser levada a cabo pela raça negra embotava, com o seu canto, conforme as palavras de Anco Márcio, figuras como Nabuco que acreditavam que apenas o "sangue europeu" poderia corrigir "Muitas das influências da escravidão [que] podem ser atribuídas à raça negra, ao seu desenvolvimento mental atrasado, aos seus instintos bárbaros ainda, às suas superstições grosseiras".[156]

Nabuco[157] não produziu um pensamento racista como entusiasmadamente produziram Kant e Hegel na filosofia e aqui o Oliveira

---

154. Diferentemente de José Murilo de Carvalho e Evaldo de Melo, Célia M. M. Azevedo mostra que longe de fazer um uso episódico do termo raça, de modo praticamente ingênuo, Joaquim Nabuco recorre, ainda que de modo ambivalente, ao conceito de raça como marcador da diferença entre povos que sempre aponta para a superioridade europeia (Azevedo, 2001). No mínimo, como aponta meu amigo e colega Anco Márcio T. Vieira, Joaquim Nabuco foi levado ao dogmatismo pelo canto das sereias ou da inteligência brasileira que lhe era contemporânea (Vieira, 2013).

155. A forma pela qual o nacionalismo brasileiro ganhou feições racistas na nata intelectual foi exaustivamente estudada e detalhada no trabalho já considerado uma referência (Skidmore, 1976, p. 221).

156. Nabuco, 1999, p. 145.

157. É muito difícil desconsiderar que o liberalismo, a modernidade e a exclusão racial não compõem, como alerta Bonilla-Silva (2020, p. 108) um mesmo movimento histórico. Ainda que esses conceitos possam não ser reduzidos um ao outro, isto é, a exclusão racial não seja realizada apenas e exclusivamente pelo liberalismo e que a retórica liberal tenha estado presente de modo acentuado na defesa do fim da escravidão no Brasil, também pela boca de pessoas negras como Luiz Gama, é notável que o liberalismo, pelo menos abstrato, recorro novamente a Bonilla-Silva (2020, p. 107), se insere no quadro de uma espécie de *cegueira de cor*. Ou seja: muitas das teses liberais servem de subterfúgio para esconder como o racismo estruturou as relações de poder e as relações econômicas quando coloca as questões apenas nos termos do mérito. A versão moderna do racismo seria, nesses termos, a combinação "do 'credo americano' e do sentimento antinegro" (Bonilla-Silva, 2020, p. 114).

Viana[158] ou Nina Rodrigues,[159] responsáveis por renovarem a ideologia racista no Brasil.[160] No entanto, essa é a ideologia que ele propala sem uma radical crítica e que reafirma o discurso[161] hegemônico da supremacia branca. O ponto é que, para Joaquim Nabuco, as pessoas negras só tiveram serventia para o Brasil como escravizadas porque elas teriam "um desenvolvimento mental atrasado".[162]

Essa posição não foi desenvolvida por ele na forma de uma teoria ou pensamento racista, insisto, mas mostra que o seu liberalismo se consoava à maioria dos intelectuais da época que não percebiam problema no racismo. Com efeito, o racismo foi o lastro epistêmico por meio do qual foi sustentada a legitimidade da escravidão. E será o mesmo racismo que estará na base da política de imigração das pessoas brancas para o Brasil.[163]

É nessa perspectiva que o embranquecimento no Brasil homologou a política imigratória brancocentrada.[164] Apenas às pessoas brancas o direito de imigração foi facultado. No "país do futuro" "as pessoas de cor" não estavam autorizadas a entrarem. Aliás, mesmo os norte-americanos que desejassem se fixar aqui tinham que ser brancos, como nos ensina a amiga e pesquisadora Cibele Barbosa.[165]

---

158. Oliveira Viana era explicitamente defensor da raça ariana pura, como se pode constatar em alguns dos seus textos (Viana, 1938). A solução para as pessoas negras seria a miscigenação, o que não seria outra coisa senão o seu genocídio.

159. Nina Rodrigues, 1956.

160. A forma como Nina Rodrigues usou a medicina legal para produzir e reproduzir o racismo e com isso garantir a construção de um perfil do criminoso ou desvalido na forma de uma identificação com as pessoas negras é extensamente discutida em Corrêa (2013).

161. Esse discurso já estava presente, por exemplo, do fundador da Sociedade Internacional de Imigração, que sentencia, ainda em 1866, a impossibilidade de uma indústria prosperar com a mão de obra composta por pessoas negras (Moraes, 2012, p. 68).

162. Nabuco, 1999, p. 145.

163. Nabuco nunca esteve só quando se trata de reconhecer que no Brasil a luta contra a escravidão não foi acompanhada por um debate mais rigoroso sobre a raça que lhe foi o sustento epistêmico (Skidmore, 1976).

164. Sobre o Decreto n. 7967 de 1945, que regula a imigração de acordo com o critério racial, ver o trabalho: Santos, 2022. Nele a autora destrincha a presença das questões raciais no projeto de modernidade brasileiro.

165. Barbosa, 2022.

O Brasil seguiu neste momento claramente uma estratégia racialista.[166] É a lógica de que a modernidade é um processo essencialmente eurocentrado e, portanto, branco, que conduz a inteligência brasileira hegemonicamente racista, que inclui autores progressistas como Celso Furtado, a sustentar a hegemonia branca sem o qual o Brasil não poderia ser moderno.[167]

Embora a resistência[168] negra sempre tenha se feito presente,[169] como vou mostrar mais detalhadamente no próximo capítulo, resta para a maioria das pessoas negras ou a exclusão dos espaços de aparecimento[170] ou assimilarem o discurso de que é preciso de uma marca branca para que o corpo escape do seu destino cadáver.

Essa marca do ponto de vista literal é a miscigenação com a branquitude porque a despeito de outras formas de miscigenação (sabemos que ela já havia corrido entre indígenas e negros, em quilombos e arrabaldes), só a presença de marcadores fenotípicos de brancura poderia ser uma fenda para um destino diferente da morte (sobre o caráter simbólico dessa marca falo já) porque no Brasil, como mostra Oracy Nogueira em seus escritos sobre o racismo comparado, "a intensidade do preconceito varia em

---

166. Schwarcz, 1993.

167. Sobre o racismo na obra de Celso Furtando, ver: Moura, 2020.

168. Para o fomento e desenvolvimento da resistência negra, a imprensa negra foi decisiva, como mostra o estudo de Paulino Cardoso. Ela servia de meio para a articulação dos movimentos negros em torno da luta contra o racismo, especialmente na cidade de São Paulo (Cardoso, 2012). É importante sublinhar que a atuação da imprensa negra nos movimentos em defesa "dos homens de cor", nos dizeres da época, remonta ao Brasil Império. É com Ynaês Lopes Santos que aprendemos que "Em setembro de 1833, foi lançado, no Rio de Janeiro, o periódico *O Homem de Côr*, produzido pela gráfica de Francisco de Paula Brito, um homem negro e de renome na tipografia brasileira. Esse jornal deu início a um longo e multifacetado movimento da história" (Santos, 2022, p. 75).

169. Logo após a abolição da escravatura e Proclamação da República foram fundadas várias e diferentes associações políticas de pessoas negras que culminariam um pouco depois com o Movimento Negro (Domingues, 2009, p. 19).

170. Costumo usar o termo espaço de aparecimento para designar os espaços de circulação de pessoas e de poder em geral sem traçar uma diferença entre espaços públicos e privados. Esse termo que ora cunho aqui se inspira diretamente no livro de Judith Butler *Corpos em aliança e políticas das ruas: notas para uma teoria da performatividade da Assembleia* (Butler, 2018).

proporção direta aos traços negroides".[171] A miscigenação funciona como um critério de identificação no corpo negro de algum traço de ligação com uma raça que não o reduz à própria raça negra. Isto é, a miscigenação aponta para uma ligação do negro com a raça superior como se pode constatar no famoso quadro de Brocos *A Redenção de Cam*, no qual se retrata que o destino da miscigenação é a redenção do embranquecimento. A miscigenação é a marca que expressa a forma pela qual a branquitude reconhece nas pessoas de ascendência africana bem-sucedidas socialmente a mistura que as conecta, ainda que indiretamente, com a brancura.[172] Ou seja, mesmo o mestiço, por essa ótica, é uma reafirmação da supremacia branca porque guarda menos traços da negritude, o que o redime de ser apenas o corpo negro, e, por conseguinte, tem mais chances de êxito social. Em outras palavras, as pessoas negras que obtiveram algum sucesso econômico guardariam algum elo com a branquitude em seu corpo porque se fossem apenas negras nunca teriam chegado a lugar algum.

Nessa perspectiva, havia um consenso, como aponta Woodard,[173] entre eugenistas e imigrantistas quanto às crenças relativas à compreensão de que o Brasil logo se tornaria hegemonicamente branco e, para alguns, mais ansiosos, tratava-se apenas de uma questão de poucos anos.[174] A esperança era de que a eugenia pudesse acelerar o branqueamento do Brasil.

Entendo por eugenia um processo de consolidação da raça como critério de exclusão social, chancelado não apenas pela filosofia, mas também pela própria ciência ou pseudociência que inaugura a modernidade brasileira. E a forma de operar o controle social do corpo negro é usar a eugenia como a solução para iniciar o processo de *depuração da raça*. É nesse sentido que tanto as

---

171. Nogueira, 2006, p. 296.

172. Woodard, 2014.

173. Ibid.

174. Corria na boca das autoridades da época "a correlação quase que imediata entre trabalhadores brancos e progresso foi fundamental para afirmar que a população negra não estaria preparada para o trabalho livre e assalariado" (Santos, 2022, p. 170).

faculdades de direito do país, em São Paulo e no Recife, quanto os institutos de medicina como aquele da Faculdade de Medicina da Bahia se afinam na criminalização do "corpo de cor" à proporção que enfatizam os valores europeus como preceitos para uma modernidade civilizacional e, tentam, na medida do possível, tornar o Brasil branco para então ser moderno. A modernidade é, nesse contexto, indissociada de um processo de racialização, ainda que não possa ser reduzida a ele, que reputa a pessoa negra como uma das imagens do antimoderno.[175] Mesmo com uma modernidade tardia em relação à Europa, o Brasil mantém, conforme suas próprias nuances, a associação do discurso da modernidade ao racismo.[176]

Com efeito, foi no campo do simbólico que o embranquecimento se deu de modo radical. Foi preciso fetichizar os símbolos da branquitude por meio da produção de mercadorias capazes de colocar máscaras brancas em peles negras. É isso que se lê em alguns jornais da própria imprensa negra, que apesar de uma ambivalência em relação ao corpo negro, por muitas vezes, valorizá-lo, não se furtavam em lançar mão, em alguns dos seus anúncios, de certa perspectiva de embranquecimento. Com isso, fomentar, como sublinham Beatriz Nascimento e Lélia Gonzalez, entre outras, a dificuldade de a pessoa negra se reconhecer como tal pela assimilação do seu próprio corpo.

O ódio por não pertencer às expectativas das classes dominantes, não possuírem a cor do poder, terminava por contaminar a própria negritude que procurava escapar da sua própria constituição corporal. Tratava-se, muitas vezes, de uma estratégia de sobrevivência por meio da adaptação ao mundo dos brancos.

---

175. O projeto eugenista na sua forma de lei e instituição ganhará o seu fim no Brasil sem que os seus ecos deixem de percorrer o imaginário social do país (Santos, 2022).

176. É com Florestan Fernandes que a sociologia brasileira, num dialogo estrito com as categorias marxistas, deixa as impressões ensaísticas de Freyre para assumir uma perspectiva científica com a qual se prova a relação entre classe e raça no Brasil. Isto é, o estudo de Florestan Fernandes traça uma aliança entre o marxismo e as questões raciais aqui no Brasil para mostrar a especificidade da questão do negro e de como a modernidade brasileira se constituiu pela sua exclusão (Fernandes, 2021).

É graças a isso que podemos entender o sucesso do famoso alisador de cabelo,[177] alisadores, que com outras fórmulas, perduram até hoje nos salões de beleza, cuja promessa era, tal como hoje se deseja em geral, um alisamento sem dor.[178]

Se mesmo em parte da imprensa negra era possível reconhecer ecos do embranquecimento em curso, na imprensa em geral os anúncios se multiplicavam na promessa, nos dizeres de McClintock, de "converter outras culturas à 'civilização'".[179] Era o que prometia o sabão *Monkey Brand* quando, na sua publicidade, asseverava a sua capacidade de "regenerar a raça" para ganhar a sua feição branca; higiene e higienismo numa mesma propaganda de sabão.[180] Era por meio do racismo, na expressão de McClintock, mercantil ou de mercado, que era possível uma expansão da lógica colonial para todas as esferas da vida social.[181] Foi por meio do *marketing* do *espetáculo das raças*[182] que o corpo negro foi sendo condenado à morte para renascer branco por meio do processo de branqueamento ou apenas a ocupar cemitérios clandestinos.[183] O processo contínuo de embranquecimento é

177. Os anúncios de alisamento de cabelos se confundem com a História do Brasil e, neste ponto, também dos EUA. Ele figurava em abundância na imprensa branca brasileira para reforçar a política do corpo, a biopolítica, que focava no corpo negro para o identificar, assim como faziam os filósofos modernos citados, com a marca do inferior. Neste ponto é preciso dizer que o cabelo não é apenas um cabelo. E quem escreveu sobre isso com a profundidade que a temática exige foi Kobena Mercer. Certeiro, ele nos ensina: "A importância histórica dos penteados afros e dos dreadlocks não pode ser subestimada como marcos de uma ruptura libertadora ou como uma 'quebra epistemológica' da dominação do viés branco"(Mercer, 2022, p. 86). É fundamental salientar que nenhuma imposição biopolítica foi aceita de modo uniforme. E se hoje a resistência no sentido da valorização do cabelo afro, que fazia parte da estética dos Panteras Negras, é porque essa luta já tinha sido construída em vários espaços contrários ao monopólio estético da branquitude sobre a beleza. Sobre esse ponto eu convido meus leitores e leitoras à leitura atenta da obra de Giovana Xavier que traça uma história da beleza negra na sua comparação com a História Americana com o fito de sublinhar o caráter racial da concepção de beleza na História do Brasil. (Xavier, 2021).

178. *O Clarim da Alvorada*, São Paulo. 9/06/1929.

179. McClintock, 2018, p. 329.

180. Ibid., p. 318.

181. Ibid.

182. Schwarcz, 1993.

183. McClintock, 2018.

forma menos mortal das pessoas negras se adaptarem ao Brasil ao mesmo tempo que é a forma de proceder, nos dizeres fortes e contundentes de Abdias Nascimento, a um *genocídio negro*.

O projeto de modernidade transatlântico cede a contragosto um espaço, aqui no Brasil, para que o corpo negro (que abarrotava, no seu cadáver, as faculdades de medicina para servir às aulas de anatomia em que era dissecado para que seu crânio fosse parar nas aulas de criminologia nas faculdades de direito), torne-se habitante da esfera pública, não por uma suposta vocação portuguesa para a miscigenação,[184] mas porque o corpo negro era abundante na sua extensa quantidade. Isto é, na medida em que nem todas as cadeias, nem todos os manicômios e nem todas as salas das faculdades de medicina podiam conter em si aquele imenso contingente de pessoas negras; mortas ou semimortas, fazia-se necessário manter o corpo negro morto no que ele tem de negro e tentar regenerar o Brasil, contaminando de uma marca branca tanto simbólica quanto literal a maioria de sua população. Assim, a libertação das pessoas escravizadas não libertou o corpo negro do fantasma que o condena ao desaparecimento, seja pelo descarte, seja pela sua dissolução por uma nova mestiçagem de caráter europeu.

De fato, o projeto de modernidade no Brasil se mantém racista e reserva para as pessoas negras, na forma do seu regime racial – a afirmação é precisa e é de Petrônio Domingues –, uma *subcidadania*.[185] A experiência da negritude é atravessada por um fantasma que lhe entorta e na maior parte dos casos lhe extravia uma percepção plena e singular de si mesma. É com a identidade racial – artificialmente, ou melhor, culturalmente criada – que se reduz a um elo comum a vivência e a percepção do corpo negro.[186] E com ela se cria um fantasma que apesar de assumir diferentes

---

184. Essa tese foi sugerida por Gilberto Freyre em *O Mundo que o português criou* e objeto de forte crítica por parte de Abdias Nascimento (Nascimento, 2020, p. 49).

185. As dificuldades que as pessoas negras tinham logo após a Proclamação da República de realizarem o exercício básico da cidadania na forma de direitos era enorme (Domingues, 2004, p. 16)

186. Appiah, 1997.

modalidades no longo da História sempre se anexou ao corpo negro para lhe furtar a experiência de se perceber como um corpo comum entre os demais, exigindo sempre que o corpo das pessoas "de cor" ou negras se percebesse como corpo negro. Um corpo tão diferente que sequer tem cor de pele, senão a cor negra. Um corpo que se define como pontuava Fanon, não sem brilhantismo, em *Pele Negra, Máscaras Brancas*: pela negação de predicados que supostamente seriam propriedades apenas da branquitude.[187]

No projeto de modernidade transatlântica se cria a experiência de ser negro quando se reduz o corpo a um fantasma, que ora assombra, por frequentar a desordem, nos dizeres da branquitude, ora é a mortalha da carne que se presta apenas, nas faculdades, a ser o modelo para as aulas de anatomia. Assim, a vivência de um projeto colonial, que longe de encontrar um limite no projeto de modernidade transatlântica ganhava força, instaura uma vivência singular da negritude que pode ser relatada e estudada pela branquitude, mas não vivida subjetivamente por ela porque aponta para uma partilha *do sensível* em que o corpo é o centro da experiência estética da racialização.

Nesse processo de racialização forma-se uma experiência singular da negritude ligada à corporeidade. Meu objetivo é mostrar que há uma partilha intersubjetiva da corporeidade negra que é singularmente experenciada pelas pessoas negras. É o lugar de onde essa experiência de negritude comum fala. Com isso, tenciono avançar a tese de que a vivência negra diaspórica constitui uma experiência subjetiva partilhável por diferentes corpos negros, mas que não se traduz em termos de um discurso identitário da branquitude.

---

187. O pacto racial é sempre no sentido de fortalecer a branquitude que se funda numa antinegritude. Numa negação radical do ser negro, do seu corpo. É por isso que Mombaça alerta sobre a distinção entre brancos e a brancura para mostrar que o privilégio está na brancura que homens brancos desfrutam como quem masca um bombom: "Escrevo agora para os brancos – para os homens brancos assim como para todas as gentes brancas – cuja brancura é menos uma cor, e mais um modo de perceber a si e organizar a vida, uma inscrição particularmente privilegiada na história do poder e uma forma de presença no mundo" (Mombaça, 2016, p. 10).

O FANTASMA DO RACISMO NA CONSTITUIÇÃO DA EXPERIÊNCIA SUBJETIVA DA NEGRITUDE

Sofrimento, resistência e alegria

O que peço no momento é silêncio e atenção
Quero contar o sofrimento que eu passei sem razão
O meu lamento se criou na escravidão
Que forçado passei
Eu chorei
(Eu chorei)
Sofri as duras dores da humilhação
(Humilhação)
Mas ganhei, pois eu trazia Nãnaê no coração.

OS TINCOÃS

Breves palavras

Toda a reconstrução do racismo e, mais ainda, da episteme racista que fiz no primeiro capítulo foi para mostrar que, em suas mais diferentes acepções, o racismo sempre visou ao corpo negro e a tudo aquilo que dele deriva. Assim, se podemos concordar com Guimarães, que sustenta que o corpo não é a única matéria-prima do racismo, sem ele, contudo, acredito que o racismo não seria instanciado como tal no Brasil.[1] E não apenas isso: o corpo não é um objeto como aquele corpo branco que Descartes disse que poderia colocar em suspensão num processo de meditação metafísica. O corpo é uma experiência. Ele é cultura, memória e singularidade.[2]

1. Guimarães, 1999.
2. Neste capítulo vou me ocupar do corpo negro no que a raça informa a esse corpo, isto é, a raça constrói o corpo negro como um fantasma antes mesmo das questões de gênero, como sublinha Lélia Gonzalez, para quem a "consciência da opressão ocorre antes de tudo por causa da raça" (Gonzalez, 2020, p. 147). Por isso, ocupo-me aqui da

Nesse sentido, acredito que é preciso entender como o racismo transforma o corpo negro (com todas as suas variações e matizes decorrentes do encontro entre as diferentes etnias africanas, com o europeu e também com os indígenas) no lugar daquilo que é *ab-jeto* ou daquilo que deve ser jogado para fora da vida social. As variações semânticas do conceito de raça e as diversas formas de manifestação do racismo (racismo epistêmico, sistêmico, institucional, estético, recreativo etc.) apontam, como mostrei, para o território que deve ser socialmente segregado, a saber, o corpo negro. Portanto, a minha tese no primeiro capítulo foi a de que o racismo se dirige ao corpo negro para lhe conferir uma identidade e, a partir dela, uma geografia da vida social que deve ser segregada. No presente capítulo quero entender como as pessoas racializadas lidam com uma experiência comum de sofrimento que as inscreve num corpo coletivo, tomado pela branquitude como a expressão do *ab-jeto*. Não se trata mais de insistir nos processos de racialização pela ótica daqueles que os financiaram, mas de mostrar como esses processos são experienciados pelas pessoas que portam no seu comum uma corporeidade negra.

É nesse sentido que tenciono produzir uma abordagem subjetiva da negritude, cujo objetivo é mostrar que do processo de racialização emerge uma negritude como contraponto ao modelo colonial. Ou seja, as pessoas negras têm uma experiência de serem historicamente racializadas que as conecta como um só corpo coletivo, mas isso não gera uma identidade racial no mesmo modelo de identidade imposto pela lógica colonial. Não há uma essência do ser negro, que reuniria num único prisma as mais diversas expressões históricas e culturais das pessoas da África negra e de seus descendentes fora da África, mas uma experiência, chamada por mim de subjetiva, de ser negro que se enraíza nas pessoas cuja corporeidade negra as compele a resistir à identidade

---

experiência das pessoas racializadas como negras. No próximo capítulo, as questões de gênero se farão presentes quando tratarei da singularidade das pessoas negras, e não tem como pensar essa singularidade sem considerar a minha vivência de gênero como homem cisgênero.

racial como corpo coletivo. A identidade é uma construção tanto colonial quanto fantasmática. Meu ponto é que, para viver a experiência da negritude, a identidade não apenas não é necessária como deve ser, na verdade, evitada, sem prejuízo de nossa percepção de que compomos uma experiência possível de ser negro.

Acredito que a minha tese pode introduzir eventuais contribuições para o debate e me parece assegurar as seguintes vantagens aqui enumeradas: 1) não preciso assumir um compromisso ontológico com o conceito de raça que já foi objeto de críticas relevantes nas suas mais variadas acepções;[3] 2) preservo a intuição, que, convenhamos, é uma percepção sentida pelas pessoas negras conforme os seus relatos pessoais, muito entornados na clínica psicanalítica, de que o racismo no Brasil incide sobre os corpos negros. Aliás, os jovens negros sabem por sua experiência cotidiana, como ressalta Sueli Carneiro, que "o policial nunca se engana, sejam esses jovens negros de pele mais clara ou escura",[4] no que diz respeito à identificação do que é um corpo negro;[5] 3) tenciono mostrar que a experiência da corporeidade negra é atravessada pelo racismo no que concerne à compreensão do corpo negro como lugar de preterimento, mas não se reduz ao racismo. O racismo cria um corpo negro quando cria o fantasma da raça. Esse fantasma impõe às pessoas negras uma experiência de sofrimento, independentemente de suas vontades. Todavia, essa experiência de sofrimento pode ser elaborada sem que tenhamos que nos comprometer com o conceito de raça ou de identidade negra.[6]

---

3. Sobre esse ponto ver particularmente Appiah (1997) e Kabengele Munanga (2020).

4. Carneiro, 2011, p. 73.

5. Essa posição de Sueli Carneiro encontra eco em certas compreensões da negritude nos Estados Unidos. Pelo menos, é o que acentua Cornel West, quando assere que "todas as pessoas de pele negra e fenótipo africano estão sujeitas a um potencial abuso hegemônico dos brancos" (West, 2009, p. 58).

6. Acho que neste ponto minhas ideias guardam alguma relação com a proposta do afropessimismo de Frank B. Wilderson III. Segundo ele, a compreensão da "negritude, como paradigmática (mais do que como conjunto de práticas culturais, de equipamentos antropológicos) se elabora por meio da escravidão" (Wilderson, 2021, p. 119). Não pretendo fazer uma espécie de genealogia da negritude como se houvesse um só corpo negro em toda a História ou mesmo uma só África. Falo da experiência da negritude aqui

A questão é que o racismo cria uma experiência de vulnerabilização que incide especificamente nas pessoas negras. No entanto, isso não veda a possibilidade de narrativas singulares da experiência compartilhada de pessoas negras e que produzem outros sentidos de negritude. Embora não possa ser concebida sem que se leve em consideração a violência perpetrada contra o seu corpo, a experiência de ser negro não se reduz à condição de vítima e de sofrimento, nem o destino da negritude está *a priori* dado por uma identidade colonial.

Meu foco, portanto, é na corporeidade negra para discutir como se cria o corpo negro como um fantasma racial à medida que esse corpo coletivo se reinventa tanto como uma experiência de negritude compartilhada, capaz de lidar com o preterimento racial, quanto como uma singularidade que relata a si mesma numa produção de sentidos aberta. Assim, há uma experiência de ser negro que não se reduz à racialização identitária imposta pelo modelo colonial, mas é criada conforme as pessoas reconhecem na sua corporeidade um elemento comum a partir do qual passam a resistir à identidade racial como uma roda em que todos os diferentes pontos estão reunidos em torno de um centro comum. Afinal, é a roda de capoeira, a roda de samba e a ciranda, que é roda, como é roda o tambor de crioula e a pomba é a que gira. Tudo em torno de uma resistência que tanto é comunitária quanto é singular.

Essa experiência subjetiva de ser negro se desenlaça em dois planos que se relacionam dialeticamente; no entanto, aqui, reservo este capítulo e o próximo para tentar tornar mais clara a minha posição. Trabalharei os dois planos, em dois momentos. Primeiro, sublinho o plano de uma experiência subjetiva compartilhada de ser negro, para a qual reservo especificamente o presente capítulo. Segundo, destaco no próximo capítulo o plano da experiência singular de uma narrativa psicanalítica de si que invariavelmente é atravessada pelo racismo sem se reduzir a ele.

no Brasil, que se formou a partir do gigantesco tráfico de pessoas escravizadas. Oxalá que essa minha reflexão possa ajudar outras pessoas negras tanto de África quanto do restante da diáspora negra.

Formas de vulnerabilizar: o preterimento racial

> Quando de volta ao cotidiano, verifico que as pessoas veem minha cor como meu principal dado de identificação, e nesta medida tratam-me como um ser inferior.[8]

Pretendo falar da vulnerabilização do corpo negro. Primeiramente, não me refiro aqui a uma vulnerabilidade ontológica, sobre a qual escrevi em *Sobre losers* e que se estende na forma da acidentalidade da vida ou de seu caráter radicalmente contingente a todos os organismos, ainda que apenas o ser humano signifique essa vulnerabilidade.[8] Entendo por vulnerabilizar a ação de tornar um corpo a imagem de um déficit humano. Vulnerabilizar é projetar no corpo o fantasma que toma, nos termos de Fanon, a epidermização como o lastro epistêmico que justifica que a cor de certos corpos, no presente caso, os corpos negros, é um indicativo de que se trata de pessoas menos humanas.

Do ponto de vista estético, quero destacar que o preterimento racial pode ser entendido como um sentimento de rejeição social, promovido tanto por pessoas físicas quanto jurídicas, por meio do qual as pessoas negras são forçadas a se subjetivarem como se a sua corporeidade fosse um limite no seu processo de sociabilização. O preterimento racial é a experiência de reconhecer no próprio corpo marcadores social e historicamente construídos para servir de subterfúgio a sua exclusão. Em outras palavras, é a autopercepção do corpo negro como um lugar diferente porque incompatível, em alguma medida, com a vida social governada pelo padrão hegemônico da branquitude.

Nessa perspectiva, o racismo projeta no corpo negro uma memória de preterimento. Ele condiciona a forma pela qual a pessoa negra percebe o próprio corpo à medida que determina que esse

---

8. Nascimento, 2021, p. 43.
8. Andrade, 2019.

corpo tem que se reconhecer como negro antes mesmo de se reconhecer como humano. Isto é, a experiência do corpo negro é marcada pela associação dele e de tudo que ele produz a um déficit de humanidade. A experiência de ser negro é marcada por uma falta. O ser negro é ser aquém. A humanidade que sobra das pessoas brancas é tomada como o marcador do que falta às pessoas negras.

Foi para essa marcação que Neusa Santos Souza reservou o termo *ideologia*. Para ela, a ideologia deveria ser entendida "como um sistema de representações, fortemente carregadas de afetos e que se manifestam subjetivamente conscientes como vivências, ideias ou imagens e no comportamento objetivo como atitudes, condutas e discursos".[9]

Nessa acepção, o racismo opera por meio de uma construção imagética de uma humanidade deficitária que constrange as pessoas negras a viverem no fantasma que lhes conecta, em algum grau, à animalidade. Trata-se, nos dizeres de Fanon, de uma humanidade *vilipendiada,* cuja "cultura" é a demonstração de que a negritude só se expressa por uma dimensão de animalidade.[10]

Nessa perspectiva, e consoante a Fanon, é possível afirmar que a pessoa negra é sempre tomada por aquela de quem a humanidade é sequestrada, pois, quando se refere a si mesma, precisa antes se referenciar como negra.[11] Isto é, não há humanidade plena quando se tem que anunciá-la como negra antes de se dizer humana.

Os corpos negros não são iguais, mas a opressão racialista entende que certos traços físicos poderiam servir, como acentua Munanga, para expressar de modo monolítico elementos coletivos de variadas culturas. É como se fosse possível promover um achatamento ontológico que reduz toda diversidade da negritude a um mesmo patamar de inferioridade, sendo o traço epidérmico do corpo negro o seu critério de identificação.[12] As feições e a

9. Souza, 2021, p. 74.
10. Fanon, 2020.
11. Ibid.
12. Munanga, 2020.

cor das pessoas negras são usadas como marcadores racialistas e identitários que permitem discriminá-las como agrupamento humano de acordo com a sua aparência física. O simples recurso à percepção ocular ordinária ou mesmo um recurso à audiodescrição é suficiente para conferir identidade a um corpo pela sua cor e, com isso, atestar-lhe uma inferioridade.[13] Assim, ainda que não haja uma única modalidade de se vivenciar a negritude – esse é um dos pontos centrais deste livro –, é importante reconhecer que um aspecto comum dos corpos negros consiste no fato de que são um território de memória de opressão racialista contínua. As pessoas negras são continuamente reportadas ao seu corpo para serem identificadas como inferiores.

Nesse sentido, o que as pessoas negras sentem é uma experiência comum de serem preteridas por corresponderem a um fantasma. A negritude não repousa nesse fantasma, mas no modo como as pessoas com a corporeidade negra experimentam de maneira singular a imposição do racismo. Aqui se trata, portanto, da negritude como um corpo histórico. O corpo que foi forçado a ser uma geografia da memória de uma experiência comum de opressão.

Não se trata de pôr barreiras e fronteiras para diferenciar os seres humanos, prateleiras que dividem com precisão as pessoas humanas, mas de reconhecer que o racismo se liga apenas ao corpo negro para lhe preterir e, nisso, gera entre as pessoas negras um sentimento de rejeição social e pessoal que muitas vezes é acompanhado de um sentimento de autorrejeição. Ou seja, ser negro não produz um sentimento humano inédito, como se pudéssemos patentear um sentimento como uma propriedade pertencente apenas às pessoas negras, mas aponta para uma experiência de preterimento racial específica. Identifica-se a pessoa negra ao seu corpo para lhe reduzir apenas ao que está na dimensão do corporal nos termos cartesianos com os quais a modernidade funda a compreensão do corpo humano.

13. Ibid.

O sentimento de sofrer racismo não é *a priori* e unicamente pertencente às pessoas negras, como se lhe fosse uma propriedade, mas *a posteriori* esse sentimento só acomete no Brasil quem comunga de uma experiência corporal da negritude. Em outras palavras, o sentimento de ser racializado e sofrer, por consequência, racismo não é exclusividade das pessoas negras ou uma propriedade que se aplica apenas a elas. Sem dúvida, é justamente isso que libera o racismo para ser um mecanismo de controle social mais complexo, como mostra Mbembe, e que pode se aplicar a outros contextos. Com efeito, a experiência de sofrer essa racialização no Brasil como forma de discriminação social incide nos corpos negros e indígenas de modo específico.[14]

No entanto, o que transcende o corpo biológico, para fazer uso da filosofia de Merleau-Ponty, é aquilo que nesse se fez como marca de uma partilha específica na compreensão e significação do corpo como corpo negro. Trata-se de uma partilha de sentimentos comuns, singularizados de modos diversos e inscritos na continuidade de corpos de uma mesma carne porque costurados por uma mesma memória. Assim, a carne é partilha quando é a memória de uma história comum em que um cruzamento de memórias converge para a experiência da vivência do próprio corpo como um comum. A negritude diaspórica brasileira em toda a sua diversidade se forma no reconhecimento do corpo como um comum da resistência. A negritude é, neste contexto, um lugar de experiência estética do racismo que se constitui, quando verbalizado, como uma espécie de lugar de fala.

Pergunto-me se não seria o caso de pensarmos que esse corpo estético tem uma volatilidade que se expressa em certas configurações históricas. Não se trata de um corpo que se reduz, apoio-me no pioneiro Sodré,[15] à camada orgânica, com a qual a branquitude tentou identificar as pessoas como negras para

---

14. Mbembe, 2018. Embora as pessoas negras e indígenas sejam objeto de racismo no Brasil, não saberia dizer se trata da mesma experiência subjetiva, e neste livro me atenho à experiência subjetiva vivida pelas pessoas negras.

15. Sodré, 2017, p. 106.

lhes reduzir a uma condição animal, sem história. O corpo é um lugar de dança. É experiência que se vivencia no seu movimento de resistência.[16] Essa experiência estética se molda também em função de certa memória que se experencia num corpo enquanto território de uma vivência comum de afetos ou de uma experiência coletiva do que há de comum em certos afetos. Uma vivência sempre dinâmica e, por isso, histórica. Pretendo agora compreender como o lugar de fala pode ser entendido, nos termos que coloco aqui, como uma indicação de uma experiência subjetiva comum de ser negro.

O corpo negro como lugar de fala[17]

> Você entende a minha dor com o olho. Você não entende a minha dor com a carne.
> PAULO GALO, líder dos trabalhadores e trabalhadoras de aplicativo, 2021

Desejo desenvolver a ideia de que a vivência subjetiva da negritude está invariavelmente ligada ao corpo negro. Ser negro é partilhar da experiência coletiva de ser racializado pela imposição da raça à corporeidade negra. Disso não se segue, faço questão de sublinhar, que há uma linguagem privada, entendida como uma linguagem produzida e compreendida apenas por uma pessoa negra em sua individualidade, visto que a linguagem expressa um *ethos*. Assim, é possível compreender o racismo como um dispositivo de discriminação e controle social que incide em certas vivências que partilham uma experiência corporal comum.

16. Merleau-Ponty, 1996.

17. Djamila Ribeiro abre o debate sobre o lugar de fala no Brasil com ênfase, entre outras coisas, no fato de que esse conceito não se remete a uma esfera individual e aborda, em última análise, estruturas sociais. O ponto central é que o conceito permite localizar socialmente, racialmente e do ponto de vista da classe o discurso. Com esse conceito ela tanto procura combater posições universalistas como aponta para a necessidade de retirar o silêncio das vozes negras no interior da história do pensamento (Ribeiro, 2019). Meu livro, contudo, oferece uma perspectiva estética e subjetiva a respeito do lugar de fala. Portanto, tendo a pensar que sigo outra direção.

Sustento que a compreensão de palavras como *sofrimento* e *raça*, assim como de qualquer outra palavra, depende de uma gramática pública. Essa noção de público não envolve, contudo, uma compreensão *a priori* e válida para qualquer público possível. Ou seja, a intuição de que as sensações, do ponto de vista de sua expressividade e significação, não são privadas ou pertencentes, portanto, a apenas uma pessoa não autoriza um entendimento de que o contexto da compreensão do uso dos termos *sofrimento* e *raça* seja universal. Isto é, que seja indiferente à experiência compartilhada em certas práticas.

Assim, as palavras *dor* ou, no presente caso, *sofrimento,* só fazem sentido num contexto de uma prática linguística, conquanto se ligam a um *ethos*. Esse *ethos* não indica uma região de sentimentos cujos significados seriam idiossincráticos ou privados. Ele aponta para o fato de que as nossas relações com o mundo são realizadas pelas práticas cotidianas e pelas relações interpessoais.[18] Quero, com isso, destacar que se trata aqui de uma maneira de compreender que a significação se remete a práticas no interior de certos contextos.

Nessa perspectiva, o corpo negro aponta historicamente para a memória de uma prática de lidar com os processos da racialização. Insisto que a experiência da racialização não cria um sentimento humano extra na gramática de nossos sentimentos, mas mostra como certos afetos, como aqueles presentificados na forma de um preterimento racial, atravessam certas práticas ligadas, por seu turno, a certa corporeidade. Estamos falando, portanto, de uma experiência da negritude que se pauta num *ethos* ou num conjunto de vivências muito singular na História do Brasil. Uma modalidade de sofrimento em que o corpo negro passa a se reconhecer na sua negritude por meio de um sofrimento que lhe é impingido como testemunho de um processo colonial e conforme o qual uma raça lhe foi imposta.

---

18. Aquino, 2018.

Seguindo este raciocínio, um relato pessoal só tem relevância epistêmica quando compartilha uma experiência comum.[19] Quando num relato pessoal se entorna a experiência de negritude em geral já não se trata de um relato estritamente pessoal, mas de uma experiência que se liga ao comum de uma corporeidade. É nessa perspectiva que recorro ao relato de Baquaqua porque é o único relato escrito de uma pessoa escravizada que esteve aqui no Brasil. Na análise do seu relato estará em foco a defesa de que a experiência corporal da negritude forma uma partilha de uma rede de afetos e que essa partilha será experenciada pelas pessoas negras de modo singular.

A relevância histórica deste relato é inestimável, mas o que pretendo aqui é sublinhar como ele aponta para a prioridade estética, da experiência subjetiva de ser negro, na formação do nosso regime de crenças a respeito da escravidão e da própria negritude. O que o relato pessoal de Baquaqua nos ensina, e a que vou me ater um pouco, é que o regime de crenças depende também e em alguns casos da experiência corporal do sofrimento, de que a gente "entenda com a carne".

Inicio sublinhando uma passagem que não se atém apenas à aspereza de um sofrimento crônico das pessoas escravizadas, mas que também nos ajuda a entender o lugar da experiência corporal no modo de lidar com o sofrimento:

> Que aqueles "indivíduos humanitários", que são a favor da escravidão, permitam tomar o lugar do escravo no porão pernicioso de um navio negreiro apenas por uma viagem da África à América, sem experimentarem mais que isso dos horrores da escravidão; se não saírem abolicionistas convictos, então não tenho mais a dizer a favor da abolição. Mas acho que suas opiniões e sentimentos relativos à escravidão serão alterados de algum modo.[20]

---

19. Sobre esse ponto acho importante o debate com o livro *Crítica dos afetos*, do parceiro acadêmico Felipe Campello. Em sua obra, Felipe reflete sobre a necessidade de criarmos uma nova gramática para garantir um vocabulário capaz de lidar com a questão dos relatos pessoais e do seu valor epistêmico (Campello, 2022).

20. Baquaqua, 2017, p. 52.

O que move Baquaqua a confiar na mudança de um regime de crenças escravistas é, sobretudo, uma experiência afetiva ligada diretamente à experiência corporal do sofrimento. Nesses termos precisos é uma experiência estética. Nesse contexto, "estar no lugar" das pessoas traficadas no navio negreiro não é um apelo à experiência abstrata de se colocar no lugar do outro que eu nunca serei, mas sentir literalmente na pele. É uma experiência estética neste sentido reclamado por mim. Significa, portanto, sofrer da mesma forma que as pessoas sofriam no navio negreiro na condição de escravizadas.

Para Baquaqua, uma condição para se entender como humano é poder mudar o regime de crenças escravistas diante da vivência da experiência corporal do sofrimento das pessoas escravizadas. Note que Baquaqua não fala de qualquer ser humano, mas daqueles que têm um compromisso, segundo as suas palavras, *humanitário*. Ou seja, é evidente que se trata de alguém que não foi cultivado numa atmosfera autoritária e brutal, como, por exemplo, o fascismo. O ser humano aqui não é uma pessoa sádica, mas alguém que compreende que não é justo impingir sofrimento a alguém de forma completamente arbitrária porque lastreada apenas por um discurso racista. Esse ser humano, uma vez submetido à mesma experiência que as pessoas escravizadas passavam nos navios negreiros, seria mobilizado, por seus afetos, a adotar uma postura abolicionista. Baquaqua nos mostra que há certo privilégio da dimensão estética em face da esfera estritamente cognitiva, pois a experiência da crueldade vivida do navio negreiro não pode passar incólume para quem a vive e experimenta no próprio corpo uma cena desumanizante como aquela dirigida ao corpo negro.

Ainda que possa estar sendo irônico, considerando que Baquaqua destaca entre aspas o "indivíduo humanitário", o fato é que ele liga a crença num regime humanitário à capacidade da pessoa, que assevera esse regime de crenças, de mudar em face da experiência do sofrimento. Se se dizem humanitários, os europeus e brancos brasileiros não poderiam ser financiadores do navio negreiro. A ideia de Baquaqua é de que a humanidade é incompatível com a experiência da escravidão, sobretudo, a experiência vivenciada no navio negreiro. Nesse ponto, a humanidade é definida pela capacidade de sentir com os outros. Não um sentir abstrato, mas aquele que com os outros compartilhamos um *mesmo lugar* de experiência afetiva. Sentir com os outros é partilhar com eles um conjunto de vivências semelhantes quando não comuns.

Que o regime de crenças está ligado ao lugar (contexto) em que são gestadas, isto é, a uma forma de vida no interior da qual são praticadas, nos termos propostos por Wittgenstein, é algo que pelo menos Marx já apontava com precisão com o conceito de ideologia. No entanto, quando colocamos a devida ênfase no modo como se vive a experiência do sofrimento, assim como procede Baquaqua, entendemos que a partilha se refere a uma experiência corporal comum. Ou seja, trata-se de um lugar do sofrimento que se reporta a corpos específicos.

Isso nos ajuda a entender como no seio da própria elite escravocrata brota uma mentalidade antiescravista, porque, mesmo sem experimentar o sofrimento do navio negreiro, algumas pessoas que assistiam à violência dos açoites e aos castigos não ficavam anestesiadas diante de tanto *horror e iniquidade*, conforme as palavras usadas no famoso poema de Castro Alves. No entanto, a exemplo do meu conterrâneo Joaquim Nabuco, essas mesmas pessoas não desfaziam a aura racista que comanda a branquitude no Brasil. Era uma empatia parcial, e talvez porque não sentissem que era a sua pele que sempre estava mais submetida à violência. Era um sofrimento que se "entendia com o olho", ou seja, o horror da escravidão para as pessoas minimamente comprometidas com o humano leva a uma crença antiescravista, mas não necessariamente antirracista.

É como se a branquitude experimentasse parcialmente o sofrimento das pessoas negras escravizadas no sentido de compreendê-las de forma mais complexa do que um simples objeto. Sem dúvida, havia o compromisso de várias pessoas brancas em desautorizar o sofrimento imposto às pessoas negras; elas eram capazes de se compadecer com o sofrimento da negritude, mas não enredavam num afastamento da causa daquele sofrimento: o racismo.

As pessoas brancas olhavam para aquele sofrimento e se compadeciam, conectando-se a uma humanidade básica sem, contudo, se desfazerem completamente do discurso que justificava o déficit humanitário das pessoas negras. Algumas pessoas brancas conseguiam se conectar ao sofrimento das pessoas negras escravizadas, mas não acessavam o sofrimento que tinham por serem fantasmaticamente tomadas como inferiores simplesmente porque eram negras. Para certas pessoas brancas, o problema não está na racialização do corpo negro, mas no sofrimento físico ao qual as pessoas negras eram submetidas sem qualquer piedade ou justificativa. A empatia das pessoas brancas era mais cognitiva, porque aquele sofrimento não se justificava, do que um sentimento que as conectasse ao corpo negro que permanecia para elas o lugar daquilo que é abjeto. Era possível reconhecer o equívoco na justificativa para os brutais castigos, mas não estava no horizonte elevar as pessoas negras ao mesmo patamar das pessoas brancas. Parece haver uma espécie de barreira estética para o exercício da empatia plena porque não era o corpo branco que estava apanhando. Acredito que esse limite está também na experiência corporal do sofrimento.

A dor e o sofrimento que reúnem aquelas pessoas num só corpo estão longe de ser comunicáveis a quem apenas os observa sem vivenciá-los na carne. Esses afetos parecem simplesmente opacos para quem estava do lado dos que açoitavam as pessoas negras e não estava plenamente transparente do lado daqueles brancos que se rebelavam contra os que açoitavam. É isso que está presente no relato de Baquaqua. Assim, se o sofrimento das pessoas negras "não causou preocupação alguma aos nossos brutais proprietários", ele foi acessado por outras pessoas brancas que prontamente se voltaram contra a escravidão. Esse acesso não se deu, contudo, por uma dimensão estritamente estética porque estava assentada na justificativa de que pessoas não têm direito de escravizar outras pessoas sem que com isso estivesse em questão a dissolução do que justificou a própria escravidão. Embora fossem contra os açoites, as pessoas brancas abolicionistas não eram contrárias ao racismo que justificou a escravidão porque não sentiam a humanidade no corpo negro da mesma forma que sentiam a humanidade no corpo branco. Em outras palavras, não havia uma empatia com os corpos negros no sentido de compreender o que foi a causa que justificou a escravidão, a saber, o racismo que permanecia incólume mesmo entre os abolicionistas brancos.[21]

Assim, "tomar o lugar", no contexto do relato de Baquaqua, é uma expressão que não aponta para uma empatia abstrata ou estritamente cognitiva, como se a razão fosse a responsável por decidir por si mesma pelo afeto da empatia. *Tomar lugar* indica assumir uma experiência corporal, neste caso, a experiência de ser negro. O corpo negro passa a ser o lugar de uma experiência de sofrimento que reúne diferentes pessoas na comunhão de um só corpo. Só as pessoas que formam, como relata ainda Baquaqua, um *nós* ou um corpo coletivo, podem experenciar na prática o sofrimento e lhe conferir um significado.

As palavras de Baquaqua se coadunam diretamente com a memória compartilhada no corpo das pessoas negras, as quais não tinham, para além de si mesmas, "ninguém para cuidar de nós, ou até mesmo nos dizer uma palavra de conforto".[22] Nisso, as travessias transatlânticas formavam, na restrita geometria dos porões do navio negreiro, uma espécie de comunhão na forma de um parentesco simbólico (que ganhava matéria na lei, tácita, de proibição do sexo pelas próprias pessoas negras nos navios negreiros, que poderiam contar com algumas pessoas brancas para uma aliança contra a escravidão, mas que apontavam para um sofrimento, cujo lugar era o corpo negro).[23]

---

21. Baquaqua, 2017, p. 53.
22. Ibid.
23. Reis, 1997.

As pessoas negras estavam, naquele contexto, num *mesmo barco* porque comungavam, por serem racializadas, de uma subalternidade que lhes era estranha, porque imposta de fora, assim como lhes era familiar porque se fazia pela racialização dos seus corpos no que eles guardavam em comum, sobretudo na pele negra. É quando, nesse contexto, forma-se o *malungo*, aquele que está na mesma grande canoa por ser identificado como um corpo negro independentemente de onde é sua origem.[24] O malungo já não é uma etnia específica, mas uma condição que se remete a um duplo; por um lado, àquele que se reconhece irmão ou irmã porque é posto numa mesma condição de racializado; por outro, refere-se àquele que experencia um sofrimento comum tanto por ter sido arrancado de seu território quanto por estar na condição de um escravizado porque a cor de sua pele serviu de justificativa para que fosse escravizado.

Do ponto de vista da experiência da negritude, formava-se, portanto, uma dupla vivência: a branca e a negra.

Resistir para existir negro: corpos insubmissos

> Quanto vale um Malungo? Malungo vale uma vida
> Um samba de muitas cores, passos, Bits, vibrations
> Uma rajada de notas viradas. Equilibradas, partidas. Malungo
> de baque solto. Malungo das toadas soltas. Do maquinado
> maracatu de baque virado. Em loas e cirandas. Ouvir o mar
> em estéreo. E não parar de brilhar
>
> NAÇÃO ZUMBI, "Malungo"

O domínio sobre a escrita da história foi decisivo para a construção oficial da memória das pessoas negras. Se de um lado as pessoas negras, em sua maioria, não tinham como escrever a sua história pela falta de oportunidade de letramento na língua escrita

---

24. Como nos lembra João José Reis, a palavra, para a América Caribenha, referente ao malungo era justamente, no francês, *bateau*: barcos (Reis, 1997); em inglês, *ship*.

colonial,[25] de outro fizeram dos seus corpos uma linguagem como gesto. Uma língua que é movimento mais do que um código que se contempla. Trata-se de uma língua que se inventa na mesma medida em que o corpo se mostra um território de resistência às identidades que lhe são impostas.

É nessa perspectiva que tenciono sublinhar não tanto a presença da língua iorubá na própria língua portuguesa, mas recuperar uma compreensão mais vasta da língua como linguagem para mostrar como a resistência à dominação pela língua do colonizador se inscreveu numa prática corporal, e nisso se seguia uma vivência de uma experiência da negritude. Meu ponto é que a língua não é apenas o seu signo gráfico e aquilo que ele representa – a casca gráfica, como costuma dizer meu amigo Alexandro Silva –, nem é só o seu referente como expressão daquilo que a palavra pretende representar; a língua se faz no gingado do corpo, na tonalidade, no gesto, como afirma Merleau-Ponty.[26]

Alguém poderia dizer, e acho que não seria sem propósito, que a própria compreensão da linguagem como representação – a teoria pictórica da linguagem – tem a raiz em processos coloniais, conforme os quais se impõe um modelo único de linguagem ou, como disse de modo mais imagético o próprio Wittgenstein, *uma dieta unilateral da linguagem*. É sobre isso que tenho conversado com o meu amigo e intelectual negro Marcos Silva, mas essa intuição precisa de mais vagar para ganhar a forma de um conceito mais robusto. De qualquer forma, é difícil não perceber que a linguagem não pode ser entendida apenas como uma forma de representação de um estado de coisa no mundo. A linguagem é também aquilo que cria ou que se performa com o corpo; no

---

25. O esforço para promover a educação de pessoas negras foi empreendido por vários homens e mulheres ao longo da História do Brasil. Exemplos se multiplicam, mas gostaria de sublinhar Maria Firmino, que chegou a dirigir uma escola mista no Maranhão (Santos, 2022).

26. Merleau-Ponty, 1996.

modo como ele se faz gesto.[27] A fala, já nos ensinou Merleau-Ponty: "é um gesto, e sua significação um mundo".[28] A fala não precisa ser escrita. Aliás, a própria escrita é corpo em movimento. Ela se faz no movimento das mãos, pernas, rostos e olhares.

O corpo negro é no seu movimento – por mim chamado de *ginga* – um mundo que se abre como gesto por meio do qual certas experiências estéticas são vivências de modo singular. Mesmo falando a língua da metrópole, o corpo fala a sua própria linguagem como expressão de uma comunidade negra. O corpo, neste ponto, mais do que fala, é gesto; ou melhor: na sua ação é gesto e nele *ginga*. Isso confere a emancipação necessária para que a negritude se mantenha soberana no seu corpo.

É um corpo que fala, ginga e compõe-se numa experiência estética em que o movimento não exclui a contemplação, muito menos o êxtase místico, mas condiciona o modo como esses últimos se realizam. Nesse movimento – ginga – a vida se faz como um movimento não redutível à dimensão mecânica. É um movimento que significa e transforma tudo o que toca num circuito afetivo. O corpo se confere um sentido à medida que confere um sentido à própria experiência pelo seu movimento. É a isso que chamo de *ginga*. O ritual não é apenas a palavra dita e contemplada, mas o movimento que performa como corpo a própria experiência religiosa e a memória. A palavra não é dita na escrita, mas no gesto que na sua ação é verbo.

O gesto é ação. Seu sentido escapa, na sua significação, da dimensão estritamente mecânica que poderia instituir o gesto como apenas uma reação orgânica ou um disparo de uma fibra nervosa; sua construção de sentido está ligada à comunhão de

---

27. Muniz Sodré, em sua apresentação do pensar nagô, sustenta que para as tradições de matriz africana, aportadas aqui no Brasil, "a palavra, é, assim, mais performativa do que semântico-referencial, ou seja, não é puro signo linguístico com um significado, mas ao modo de uma poesia originária" (2017, p. 138). Em sua importante obra há a defesa de que a palavra no pensamento nagô só pode ser entendida na sua integração com o corpo. Trata-se de uma forma de pensar, por assim dizer, somática (Sodré, 2017, p. 129).

28. Merleau-Ponty, 1996, p. 250.

corpos numa forma de vida. O gesto é fala quando é compartilhado. Nessa perspectiva, o sentido do gesto, mais uma vez Merleau-Ponty é preciso: "não é dado, mas compreendido, quer dizer, retomado por um ato do espectador".[29] Isto é, o sentido nunca está dado na simples percepção do gesto, ele só se realiza quando o gesto é expressão do próprio corpo que se reconhece como tal quando gesticula.

Ressalto que o ato do gesto só ganha significação na partilha de uma forma de vida que autoriza o gesto a significar e, que, nela, o gesto já é significante. O sofrimento da negritude era opaco para a maioria das pessoas brancas no processo de colonização, como o relato de Baquaqua nos reportou, porque aqueles gestos de sofrimento não lhes pertenciam. Não as habitava a mesma experiência estética, ao passo que, naquele sofrimento, se construía uma cumplicidade para aqueles que no corpo comungavam um mesmo conjunto de vivências em que o gesto fala de uma experiência comum de sofrimento. Nesse contexto, o sofrimento só acometia as pessoas negras porque apenas elas foram escravizadas, sob a alegação de uma episteme racista. Era nesse comum que se fazia a aliança dos gestos como uma aliança negra que se realizava de "malungo para malungo. Para malungo de malungo".

Assim, os colonizadores viam nos gestos a motricidade de um corpo mecânico, uma simples engrenagem no sistema de produção colonial de riqueza. Para eles, a negritude se reduzia a gestos autômatos de pessoas animalizadas e, portanto, coisificadas. Os gestos de dor não significavam sofrimento como uma prática comum numa forma de vida compartilhada. No entanto, para a negritude que ali se formava, como um corpo no qual incidia a violência colonial, a linguagem do gesto ensinava sobre as formas de sobreviver à selvageria europeia. É quando o gesto porta aquilo que Merleau-Ponty afirma serem "intenções legíveis na conduta

---

29. Merleau-Ponty, 1996, p. 251.

do outro".[30] Só quando os corpos se encontram num jogo comum, fincado numa forma de vida compartilhada, é que o gesto significa.

Aqui destaco a dimensão coletiva da própria corporeidade na qual os corpos se pertencem uns aos outros quando compartilham uma intencionalidade comum, inscrita numa vivência estética comum. Só neste corpo coletivo há o esteio para um caminho comum de comunicação.

A linguagem como gesto só faz sentido numa presença corporal comum. Palavras e gestos, como afirma Merleau-Ponty, com quem o dialogo é muito profícuo a respeito desses pontos, não possuem uma significação imanente.[31] Por essa razão, não se trata de compreender o gesto como a representação mimética de um objeto no mundo ou mesmo de uma ação cristalizada ao modo de um estado de coisas. O gesto não é algo que se reduz à percepção natural no simples ver da visão ocular ordinária. O que se produz com o gesto é o que se compartilha numa forma de vida na qual se testemunha o gesto ao mesmo tempo em que ele é realizado.

Assim, o que retira o caráter arbitrário do gesto é a comunhão que lhe é esteio. Nisso, a ginga funciona como o solo da comunicação da negritude. No movimento do corpo se produz uma rede de significados por meio dos quais o sofrimento concentra a sua elaboração. O mesmo corpo que era silenciado pela imposição de uma língua colonial falava no seu movimento por torná-lo um gesto comum. Por isso, mesmo sem ter propriedade total sobre a língua do espaço de aparição – a língua colonial, para ser preciso –, a negritude criava um elo comum no corpo como uma prática. Criava-se uma vivência comunicacional do "malungo que vale uma vida".

O corpo condenado ao movimento para a espoliação máxima do seu trabalho subverte a lógica colonial para fazer do movimento gesto, por isso, dança, canto e resistência se misturam como um modo de se comunicar como "um samba de muitas cores, passos". E mesmo quando parado, o corpo negro se

30. Ibid.
31. Ibid.

fazia resistência, como acentua Fanon, na sua preguiça como refratária ao lucro dos colonizadores.[32] Em outras palavras, mesmo o corpo inerte se fazia resistência como *corpo mole* – numa espécie de revolta passiva como sublinha Munanga – em face das condições de trabalho abusivas que em muitos casos continuaram nos pós-abolição.[33] Em certo sentido, essa preguiça, à qual Fanon faz referência, é uma ação voluntária de resistência à exploração do trabalho. Afinal, a preguiça é, para os que estão colonizados, "uma medida de autodefesa no plano fisiológico, antes de mais nada".[34] A preguiça, na sua forma inconsciente, de algum modo estava presente na forma do *banzo*, pois, diante da "perda definitiva de toda e qualquer esperança", o adoecimento, muitas vezes seguido de suicídio, parece ter sido um recurso dramático e radical para se escapar do que se apresentava como a melancolia do trabalho forçado.[35]

Na sua atuação, o corpo negro borra as fronteiras que a colonialidade instituiu, seja pela imposição de um credo unificado e de caráter contemplativo, seja pela imposição de cadência estranha ao ritmo dos povos oriundos da África e indígenas. O corpo borra justamente quando infringe, com a comunhão dos corpos negros, os signos que lhes ostentavam o silêncio. A partir do momento em que as pessoas negras se servem da linguagem do próprio corpo para instituir uma forma de resistência às investidas coloniais, não estamos compreendendo o corpo apenas como um lugar de performance, mas também como o próprio objetivo da performance que exerce. Em outras palavras, o corpo é o meio e o fim, porque por meio dele a negritude se firma numa resistência para garantir a própria vida e a própria preservação, enquanto corpo negro, essa é a intenção dessa performance.

Desse modo, se aprendemos com Merleau-Ponty que o corpo é o sujeito da percepção, o corpo negro não engendra uma percepção

32. Fanon, 2020.
33. Munanga, 2020.
34. Fanon, 2020, p. 291.
35. Nascimento, 2019, p. 71.

fora do registro do humano, mas indica uma modalidade de experiência do conhecimento de si que, por conta de sua racialização, é atravessada pelas suas especificidades encarnadas nos fenótipos; notadamente a cor.[36] Essa, aliás, é uma das razões para que a expressão "homens de cor" tenha circulado tanto no Brasil para atestar e homologar o que Abdias de Nascimento costumava chamar de uma "qualidade quase natural do 'branco' brasileiro", que era o racismo em face de quem não era estritamente branco e, portanto, tinha cores.[37] Eram de cor. Se havia "homens de cor" é porque havia homens "brancos", mas é também, sobretudo, porque uma cultura de cor era formada por pessoas que comungavam de um modo comum de aparecer. Esse modo estava inscrito numa diversidade de corpos e cores matizadas, contudo, pela presença negra.

A forma desse aparecimento do corpo negro é o movimento. O corpo negro é movimento. Ele se faz na sua experiência rítmica de um movimento que mistura, como, por exemplo, no caso do frevo, resistência e alegria na mesma performance de dança. Divertir e resistir são coengendrados no corpo negro transatlântico. Aqui a origem exata dos ritmos que irão embalar – e embolar – alegremente o Brasil importa menos do que o reconhecimento da dança e do movimento como presenças vivas da comunicabilidade de corpos pela sua ginga. E, se há um elemento comum na diversidade de ritmos da negritude, muitas vezes na sua mistura com indígenas, é sua própria ginga formada num modo de comunicar uma resistência.

Essa ginga está presente na poesia de Solano Trindade e nos ajuda a reconhecer a partilha da experiência estética do corpo que se movimenta (pula, dança, bebe, vadia) para, na sua performance, relatar-se a si mesmo. É a construção de um modo alternativo às determinações das tradições ocidentais que permite a narrativa de si no viés de um corpo narrativo, um corpo que, à medida que

36. Merleau-Ponty, 1996.
37. Nascimento, 2019, p. 50.

dança, interpreta-se numa conexão não apenas consigo mesmo, mas na comunhão dos corpos que dançam.

O poeta ainda nos ajuda quando aponta para o caráter comunitário da conversa – relato – por meio da qual a negritude, como venho tentando sustentar, interpreta-se em sua singularidade. "Estou conversando no ritmo do meu povo". A conversa se faz na forma de movimento; num relato de si mesmo que se performa em dança coletiva (ciranda, coco, umbigada etc.). É por isso que o poeta se torna "cantiga determinadamente". Seu corpo se narra sem a presença de uma racionalidade própria da língua do colonizador, cujo domínio foi processual para as pessoas negras. O corpo que ginga para se relatar num gesto comunitário que se remete sempre a um conjunto de vivências ou ainda a um espaço de experiência estética comum cujo fundamento está na circulação dos afetos que se faz na prática de um corpo em movimento e que no seu movimento resiste ao silenciamento. O corpo negro fala quando dança.

A resistência e as produções do corpo negro eram impregnadas uma na outra por uma imposição que lhe era externa, mas que terminava por fundar uma aliança dos corpos negros em torno da própria sobrevivência. Assim, o sentido da dança, do movimento do corpo, numa palavra: da ginga, não está apenas na manifestação de uma cultura de matiz africana específica, mas contém nessa manifestação uma forma consciente e alegre de resistência da negritude à imposição de uma cultura de branqueamento. Essa resistência não firma uma identidade como algo que se fixa no tempo como a imagem própria do que não muda, mas é fundamental reconhecer que a corporeidade negra é a textura sensorial comum das diversas manifestações culturais das pessoas que formavam um comum na sua resistência aos padrões da branquitude. A resistência do corpo negro reafirma uma modalidade do gesto que, embora contingente (acidental porque, nos termos que costumo usar, ocorre no tempo sem que tenhamos pleno controle do seu desenlace), aponta para uma expressão na qual cultura e corpo se fundam num horizonte comum de uma partilha estética de um mesmo regime de afetos. Esse regime fomenta uma contraposição à racialização do corpo negro.

Gostaria agora de recuperar alguns pontos de Jaques Rancière para aprofundar a compreensão de que a negritude se funda num regime de partilha de uma experiência estética comum. Não pretendo estar em estrita sintonia com Rancière, mas tenho a intuição de que alguns dos seus conceitos ajudam a entender melhor essa partilha sensível da qual tenho falado até aqui. A seguinte passagem do seu livro *A Partilha do Sensível*, curto e denso, serve de início para a nossa conversa: "uma partilha do sensível fixa, portanto, ao mesmo tempo, um *comum* partilhado e partes exclusivas".[38] Nessa frase, o comum me interessa mais do que as partes exclusivas.

Meu ponto é que a experiência da negritude pode ser entendida com a inscrição num comum de uma rede de afetos coordenada pela experiência da racialização. Desse modo, os povos africanos e oriundos da África até então entendidos em sua diversidade – partes exclusivas – pelo processo de racialização se reconhecem num comum que se instaura na compreensão da negritude dos seus corpos. Assim, se "a partilha do sensível faz ver quem pode tomar parte do comum em função daquilo que faz, do tempo e do espaço, em que essa atividade se exerce", na comunhão dos corpos negros essa partilha se faz como uma prática de resistência em que o movimento do corpo é o exercício de uma inscrição comum dos afetos.[39] Uma roda.

No comum partilhado: a experiência do corpo negro. Nas partes: as diferentes modalidades dessa experiência expressas na diversidade dos povos não apenas oriundos da África como também das misturas que lhes sucederam. O que se partilha, contudo, não é o que se exclui, mas o que é a base da partilha provocada pela racialização: o comum do corpo negro forçado a se perceber em sua negritude a despeito de sua complexa diversidade e

38. Rancière, 2015, p. 15.
39. Idem, p. 16.

exclusividade. O que se partilha é a mistura mesmo das diferentes etnias com a qual se forma uma nova noção de negritude como a experiência afetiva de lidar com os processos de racialização.

Nesse corpo, mesmo sem relatos escritos, a resistência comunitária se fazia no gesto que comunicava um comum, cuja partilha se mantém como a forma pela qual o próprio gesto é possível enquanto expressão de resistência. Na continuidade dessa partilha se forma a coexistência de corpos coordenada por uma resistência a que podemos chamar, no seu relato de memória, de ancestralidade. Não se trata de reduzir, portanto, a ancestralidade a uma dimensão de espiritualidade, como se pudesse ser apartada da própria prática da negritude como forma de resistência. A própria espiritualidade compõe o arco de resistência. Ela é o corpo que se relata no seu movimento e confere um caráter político a tudo aquilo que com o seu movimento movimenta; mesmo a espiritualidade. A negritude se reconhece num regime singular afetivo, ligado diretamente aos processos de racialização.

É a partir desta imposição da racialização que se forma uma experiência comum de negritude como formas de exercício de práticas marginalizadas no espaço público. Assim, circulando nos espaços de não aparecimento, forma-se a experiência de ser negro nos diferentes desdobramentos da ação do corpo que compreende a arte, a espiritualidade e a sabedoria. A negritude se reconhece no comum da proibição das suas manifestações singulares, isto é, de suas partes. O que era encarado como manifestação de certa cultura de origem africana ou de sua mistura com a cultura indígena paulatinamente passa a significar uma gramática que se faz tanto na resistência ao seu apagamento quanto no reconhecimento de uma experiência comum de um corpo racializado.

Desse modo, mesmo representando contextos culturais diferentes (falamos de povos que vieram de diferentes países da África e que muitas vezes se misturaram com indígenas e europeus), forma-se uma experiência de comunidade não apenas nos quilombos – onde ela ocorria de forma explícita porque não havia as restrições coercitivas do Estado –, mas na reunião de corpos negros em que eles, novamente nas palavras de Solano Trindade,[40] dançavam, cantavam e, insisto: gingavam. Forma-se um regime estético em cujo centro está a compreensão de que o corpo negro é comum da partilha do sensível ou da própria experiência de ser negro. O corpo negro age quando simplesmente se reconhece como corpo negro.

Nesse sentido, as manifestações culturais não residem apenas na sua dimensão de história e tradição, mas numa forma de significar o próprio exercício da sobrevivência, literalmente no caso dos cuidados dispendidos pelas curandeiras, cuja intencionalidade aponta para um modo de existir indissociável da experiência de ser negro. É como se todas as ações culturais fossem feitas pelo mesmo corpo cujo sofrimento, decorrente do processo de racialização, forma uma experiência comum que se faz na resistência de não ser apagado na mesma proporção que indica um modo de existir singularizado no modo como experimenta o sofrimento por ser negro e a alegria de resistir aos processos de identificação. Ou seja, todas as ações de cuidado de si eram tanto subversivas quanto conectavam, em relação à sua interdição institucional, as pessoas no comum dos seus corpos negros.[41] Assim, existir e resistir são coengendrados no corpo negro enquanto corpo negro desde sua compreensão como negro.[42] Não há seção entre linguagem e corpo por meio da prioridade da linguagem escrita como externalidade codificada de um domínio linguístico em relação ao gesto. No corpo, a memória

---

40. Solano Trindade, 2007.

41. Mesmo em códigos penais subsequentes, como aquele de 1940, é possível resgatar no art. 284 a proibição de práticas de origem africana, como a curandeiria, que, muitas vezes, era a única forma das pessoas de origem africana conhecerem alguma forma de cuidado.

42. Isso é o que nos permite entender porque Abdias Nascimento fazia a distinção entre os diferentes sincretismos (haveria uma diferença daquele da negritude com indígenas em relação da negritude com a branquitude) como expressões de modos de se relacionar do corpo negro com outras formas de vida e, portanto, outras corporeidades. Ou seja, não há uniformidade nem nas experiências religiosas porque a forma como esse corpo negro se oferece para costurar a aliança com os demais corpos é diversa.

e a linguagem se formam num só território ou numa roda que expande as suas fronteiras num contínuo movimento sem uma direção fixa ou determinada na forma de uma única identidade.

Considerando que mostrei até agora que o corpo negro é tecido numa compreensão subjetiva do sofrimento que lhe é impingido por ser negro, e que isso forma uma experiência comum de negritude, resta-nos investigar em que medida essa experiência coletiva atravessa as subjetividades negras. Isto é, a questão que se impõe agora é como a negritude se desenlaça nas narrativas singulares das pessoas negras, como as suas subjetividades são constituídas pelos processos de racialização e também por meio de uma resistência à identidade racial.

DO PARDO AO PRETO

Por uma subjetividade reenegrecida e singularizada

Pardos: entre o negro e o branco?[1]

Como falar da experiência singular de ser negro sem evocar o percurso por meio do qual, permitam-me o uso da expressão precisa de Neusa Santos Souza, tornei-me negro? Eu, que sou negro naquela gradação – extensa – com a qual Clóvis Moura mapeava (aliás, esboçava mais do que fazia uma cartografia exaustiva) as diferenças que marcam a negritude ou o corpo negro que iriam desde o moreno claro ao moreno escuro.[2] Minha experiência de *tornar-me* negro é muito capturada pelo texto de Neusa Santos Souza. Nunca fui uma pessoa pobre. Vivi a experiência de ser negro atravessada por uma autodeclaração de pardo e por condições mínimas de classe. Experimentei também a cisão clara entre o subúrbio, onde morava, e o centro da cidade, onde estudava. Meu corpo negro era esse lugar entre mundos.

No subúrbio, estava perto do meridiano que divide pessoas pelo acesso ao saneamento básico – contudo, encontrava-me

---

1. Sobre o sofrimento da mulher negra: deixo as palavras de Grada Kilomba, no prefácio ao *Pele negra, máscaras brancas*: "A mulher negra, não sendo nem branca nem homem, neste esquema colonial representa então uma dupla ausência que a torna absolutamente inexistente. Pois ela serve como a outra de outrxs, sem status suficiente para a Outridade" (Kilomba, 2020, pp. 14-15). Partirei aqui da minha experiência como homem negro e psicanalista negro. Meus leitores e minhas leitoras notaram que dialogo fortemente com as pensadoras negras, sobretudo no que diz respeito à psicanálise. Tudo que escrevo é atravessado por elas. Acho que há uma experiência comum de ter um corpo racializado, ainda que, como nos ensina Grada Kilomba, a racialidade incida de forma mais violenta no corpo das mulheres negras enquanto estrutura patriarcal.

2. Clóvis Moura traça um repertório de variações de significantes para a pessoa negra que cobre uma página inteira de seu livro. De fato, a própria miscigenação no Brasil veda ainda mais uma compreensão unilateral do corpo negro como se ele fosse um todo monolítico (Moura, 2019, p. 91).

no lado classe média dessa fronteira. Do outro lado, havia pessoas negras e brancas misturadas, mas sempre mais negras do que brancas. Do meu lado, pessoas mais brancas do que negras. E, quando negras, como eu, em geral possuíam um passaporte, não diplomático, para transitar por certos ambientes sem simplesmente serem uma pessoa *ab-jeta*.

Assim, eu conseguia frequentar a casa de amigos e amigas brancos, conseguia disputar com eles certos marcadores de branquitude. Meu cabelo, ondulado, mostrava-se menos crespo do que os de alguns colegas de pele branca. Tinha certo orgulho. A minha tez era morena e só variava a negrura de acordo com a intensidade do sol. Nariz menos arredondado; para ser preciso: arrebitado, o que me legava a fama de ser "um negro amostrado". Imagina um negro que "não olha para o chão", me diziam. Boca grande, mas com a proporção desejada pela leitura que fizemos da Grécia de matemática beleza. Esses atenuantes me protegiam, conforme a minha fantasia me fazia crer, da negrura, tomada como uma condenação epidérmica, que é a base ontológica de todo sistema de punição no Brasil.[3]

Na escola, a minha condição de negro vinha na forma do racismo recreativo.[4] O gosto por aquele marrom, com gosto de chocolate, era acompanhado pelas observações de que, apesar de ser negro, eu era querido. O querido vinha com o negro. Amado, a despeito da minha cor, com a qual se divertiam na forma de piadas mais ou menos agressivas. Para ser amado tinha que ser contra a minha cor ou entender que ela de alguma forma era um obstáculo. Poderia ser ainda mais popular, se fosse branco.

---

3. O encarceramento em massa é a continuidade do projeto colonial e racista, conforme demonstra o estudo de Juliana Borges. É o racismo que, em última análise, autoriza essa proporção absurda de pessoas negras presas no Brasil (Borges, 2019).

4. O humor racial é o modo pelo qual o racismo reafirma as condições de estratificação social. Quem desenvolve esse tema de modo agudo é Adilson Moreira. O humor referenda certos estereótipos e reafirma certas identidades (Moreira, 2019, pp. 85-97). Com ele, o racismo se mantém e se perpetua livremente por não se inscrever numa ordem discursiva imperativa, mas é do mesmo modo impositivo pela obrigação social, muitas vezes defendida pelo apelo à liberdade de expressão, de aceitarmos o humor.

O resultado era que me escondia naquilo que meu corpo se afastava do corpo negro, esse último entendido apenas como o corpo do negro retinto e de cabelo crespo. A máscara branca, propriamente dita, eu já usava.

Com efeito, o pacto dos pardos ou daqueles que não eram lidos como negros retintos se constituía no meu crédito para que a máscara branca fosse dilatada na esperança de recobrir todas as brechas do meu rosto. Era quase uma adequação da alma à coisa. Só não era completa porque a branquitude nunca para a sua exigência, uma vez que nunca para de reafirmar os seus privilégios. Ela cobra uma espécie de neutralidade branca para me conceder um lugar ali naquela escola de classe média e que eu deveria pagar com o meu silenciamento racial ou com a minha leniência com as formas recreativas do racismo.

Desconfiava disso tudo, mas aderia. Voltar para a senzala ou naquele contexto ser ab-jeto no grupo da escola eram um preço que não queria pagar. Não queria ser como os meus outros amigos negros cujos apelidos lhe remetiam à colonialidade. Embora as pessoas brancas fossem as que mais consumiam maconha, Maurício, que era negro, ficou conhecido como Maurício Coisinha. Antonio era Antonio Maconha, mesmo sem ter fumado maconha, mas por se comportar de modo muito nervoso nos jogos de basquete diante das ofensas que lhe eram dirigidas constantemente. Jogava como um macaco, diziam. Outro colega negro da época era Buiu. Tenho até dificuldade de me lembrar do nome de Buiu.[5] Era como o fantasma do negro divertido, por meio do qual o seu corpo era identificado, fosse tão possuidor daquele corpo negro que pudéssemos prescindir do seu nome próprio. Desses três negros: dois eram filhos adotivos. As suas famílias brancas achavam natural que estudassem na escola de pessoas brancas

---

5. O apelido Buiu do meu colega faz referência a uma designação de crianças do morro, mas também a um personagem do programa *A Praça é Nossa*, que era uma criança negra engraçada e ao mesmo tempo desassistida. O mesmo ator, depois, interpretará um garçom; as pessoas negras e o seu inevitável destino de servir às pessoas brancas. Por fim, ele interpretará um gari. O personagem e a vida real se confundirão quando Edvan R. Souza ficará em situação de penúria financeira.

como elas, mas o que assombrava aquelas pessoas era o fantasma que apaga as singularidades dos corpos negros. Essa é a faceta contemporânea do racismo.

A gente não tinha noção da dimensão do racismo. Eu, pardo, menos ainda. No meu mecanismo de defesa, eu tinha menos noção, e me blindava, construía a fantasia de que o atravessamento que marginalizava meus amigos não me atingia. A pele menos escura se reconciliava com a fantasia de que uma marca branca ou mesmo várias me protegeriam da violência racial. Sem me dar conta, realizava, por um mecanismo de defesa tanto simbólico quanto uma necessidade real diante da opressão da brancura, o pacto narcísico da negritude parda que procura nos afastar das pessoas negras retintas para que possamos nos refugiar nas réstias – restos – que a branquitude nos autorizava participar, como uma dose controlada de privilégio.

E segui procurando em mim tudo aquilo que meu corpo concedia ao corpo branco como uma linha comum ou de uma suposta continuidade. As pessoas brancas com orgulho de si falavam do meu cabelo: quase liso, quase branco. Indígena, talvez. No meu caso, o indígena não era algo distante. Dizem que tive um bisavô caboclo. Então, alguma coisa de branco tinha naquele cabelo. Meu cabelo *negava o mulato*.

Aceito pelos brancos na condição de me identificar com eles; visto com desconfiança por alguns negros quando eu me achava negro no extenso horizonte de negros mais negros porque retintos. Procurava entre os pardos – numa camada ainda mais extensa de pessoas nos seus coloridos e cuja taxionomia foi feita por Clóvis Moura – a aliança de um lugar.[6]

Guardar essa aliança era me vincular, ainda que de modo inconsciente, também ao meu pai. Afinal, era isso que eu ouvia da boca do meu pai num tom meio de brincadeira – no racismo recreativo e publicitário das mídias –, que ele "nem de negro gostava".[7] Ele

6. Moura, 2019.
7. Moreira, 2019.

mesmo negro se fiava na categoria de pardo para se firmar frente às pessoas negras ao ponto de desdenhar delas. O narcisismo das pequenas diferenças e as suas armadilhas. Meu pai sabia que não era branco, mas nunca se portava como se negro fosse.

Disseminava-se nos olhares de várias pessoas pardas um pacto de defesa em face da negrura, que era a cor responsável, em última análise, por mapear os nossos corpos. A defesa ou a resistência diante da negrura que vários pardos como eu assumem é ainda mais forte naqueles outros corpos negros de pele clara que se viam quase cruzando a linha que os conectava aos pardos. Eram quase brancos. Quase. E eram poucos desses corpos que frequentavam a minha escola. A maioria era branca, enquanto perto de onde morava muitos corpos negros se espraiavam nos corredores delgados das comunidades, quando não das favelas da vizinhança.

Mesmo nos espaços mais precarizados (lembro que as casas de alguns era tão pequena que eu não entendia o cálculo que fazia aquelas casas comportarem tanta gente), os corpos disputavam até o limite o que lhes afastava da negrura. Ninguém queria ser simplesmente negro. Qualquer resíduo seria suficiente para se autodeclarar menos negro. Alguns destacadamente caboclos recuperavam nos seus cabelos lisos a imagem do que não se adequava restritamente à negrura. Todos e todas disputavam avidamente uma pequena propriedade no imenso latifúndio dos pardos/as. Mesmo em classes socialmente equivalentes, a disputa se dava com voracidade. Talvez mais voracidade porque o que estava em jogo era na negação da negrura a afirmação de um distanciamento da pobreza.

Os que não compactuavam de modo algum com os pardos, os que eram barrados no nosso pacto narcísico, não o eram apenas por serem pobres, mas, sobretudo, porque o termo "moreno escuro" no retinto de sua pele já não os fazia pardos. Eram explicitamente negros. Daquelas imagens da infância, aquela que me vem primeiro no meu processo de livre associação é de Fuscão. A imagem de Macaquinho aparece em quase concomitância. Macaquinho é o resíduo da filosofia moderna nas favelas de

Recife. Afinal, no primeiro capítulo mostrei como a associação do negro ao animal foi a regra de conduta da branquitude para se impor como superior e padrão humanitário. Fuscão, aqui talvez eu precise lembrar o termo para quem é mais jovem, é o carro fusca de cor preta, que circulava no Brasil sempre conduzido por pessoas brancas. O povo preto coisificado no carro, para retomar a imagem de Aimé Césaire, e é sempre tomado como aquele que é conduzido pelo branco sem qualquer autonomia.[8] Mais uma vez, a filosofia, com todo o seu maquinário racista, estava presente na favela perto da minha casa e nas minhas ruas perambulava na forma de ideologia para tipificar as pessoas negras ou como animais ou como máquinas.

Disso, concluo, no meu exame de memória, que moreno escuro era negro. Prende-se a essa imagem o fato de que as vidas interrompidas de suas rotas foram aquelas duas mais negras do que a minha e dos meus concidadãos pardos. Lembrar deles dois é me asseverar de que a violência encontra no corpo negro o seu lugar privilegiado de repetição daquilo que não cessa e na sua repetição tece a história do Brasil. Foram pedras e balas que levaram, respectivamente, Fuscão e Macaquinho. Seus nomes foram anonimatizados pelos seus apelidos – uma tática comum contra as pessoas negras – para evitar que falemos de suas histórias singulares.

As demais crianças da favela, mais próximas de Fuscão e Macaquinho, agarradas a estereótipos racistas que lhes servem como a âncora da pobreza e que não podiam compactuar com a ligeira proteção dos pardos, viam-se obrigadas a acolher, ou, em alguns casos, reacolher, uma das formas mais vitoriosas da colonialidade: as igrejas protestantes. Quando isso ocorreu já eram adolescentes. Todo mundo os chamava de irmãos. Vestiam-se de gente branca e, com a Bíblia embaixo do braço, viviam na trajetória do culto para a casa, a proteção não tanto de Deus, embora assim o pensassem, mais, sobretudo, da aura de que irmãos não se envolvem com os negócios sujos da Terra.

8. Césaire, 2019.

Fuscão, antes de morrer, tentou ir à igreja, que muitas vezes é a casa de reabilitação dos pobres – mas sabemos de que se trata de um verdadeiro complexo industrial de saúde mental por meio do corretivo moral da igreja, a qual está sempre disposta a atuar onde o Estado só existe para reprimir (o qual, para a maior parte das pessoas, funciona como um soldado amarelo de *Vidas Secas*). Nas quedas ou recaídas, a rua era seu destino, a fim de fugir da sua casa apertada pelo metro quadrado da pobreza. Numa dessas recaídas, seu pai lhe deu uma surra pública com gritos de louvor e reafirmando que filho seu não podia ser marginal, ainda que morasse na margem da sociedade, vivesse na sua borda, e não estivesse em condições de andar alguns quilômetros até o centro sem deixar de ser reconhecido como negro.

De nenhuma das pisas guardo uma lembrança tão forte e nítida como aquela lembrança da pisa com a qual Fuscão desfalecia no chão tentando usar os braços esquálidos para evitar o pior, que vinha das próprias mãos do seu genitor. "Seria melhor apanhar aqui, para todo mundo ver, do que na polícia", dizia o seu pai, e pela mesma polícia ser levado ao IML para uma perícia conforme a qual o corpo assassinado serviria de prova de um conflito que nunca existiu. Não podemos dar razão ao pai de Fuscão. Ainda que tenhamos levado algumas pisas dentro de casa, no nosso pacto de pardos de classe média esse tipo de atitude não nos parece condizente. O fato, contudo, é que as suas palavras foram mais toadas de uma praga do que apenas um aconselhamento educacional pela força bruta da porrada. A profecia do apocalipse para aquela vida negra foi certeira.

A morte de Macaquinho foi parcialmente diferente. Com ele, bem antes de sua morte, troquei alguns golpes quando ansiava demonstrar que os pardos adolescentes podem bater como negros, foi menos por vício no ilícito – como não se acostumar a agir ilicitamente quando se é negro? – do que em decorrência de outro golpe que se abate sobre as vidas negras na estruturalidade do racismo. Dizem que flertava com uma mulher branca do outro lado da rua. A gente sabe pouco sobre a relação que ela guardava com ele. "Depunha contra ela", segundo a linguagem racista daquele contexto, o fato de que em alguns momentos ela havia se afeiçoado por quem ela tinha "preconceito de cor". Diferentemente da música, ela não foi para a colina, nem muito menos para a favela com o seu neguinho, mas para a boca do seu marido branco, com vistas a se deliciar com o seu ciúme diante do fato de que o neguinho, sentado numa mesa de bar perto da deles, não encontrava sossego senão quando o seu olhar se derrubava sobre ela. É o que se conta numa linguagem machista.

O certo é que Macaquinho nem era irmão, nem viciado ou envolvido com drogas – ou ainda com alguma coisa errada, no dizer da periferia e da favela. Trabalhava. Deslocava-se como tantos iguais para longe. A sua mãe era uma conhecida lavadeira e engomadeira da época. Pessoa que pensava no reto caminho do filho. A única coisa que corria nas bocas era sobre o seu gosto por mulher casada e um mal-estar numa noite no bar.

Sem que ninguém fizesse a ligação entre essas mortes, apesar da violência comum entre elas, recolho essas impressões da minha memória para compreender como foi que eu, homem pardo, tornei-me negro. A dificuldade reside no fato de que Fuscão, Macaquinho e tantos outros, embora se estreitassem a mim por minha corporeidade, pareciam-me ser de outro mundo: um mundo da violência autorizada e pública. Não me imaginava morto da forma como eles foram, mas seria eu, por isso, menos negro? Ou ainda, o fato de eles não serem signatários do pacto dos pardos seria uma razão para provar que eu não era negro?

A identificação do branco para a dissolução do pardo

> A ideologia racial, portanto, se funda e se estrutura na condição universal e essencial da brancura, como a única via possível de acesso ao mundo.[9]

Foram as pensadoras negras brasileiras ligadas à psicanálise e à psicologia que entenderam de modo agudo os processos de subjetivação das pessoas negras. Meu livro não apenas dialoga com elas, como tem a sua existência condicionada ao que foi produzido por essas pensadoras. Essa observação serve para introduzir mais uma referência incontornável neste debate. Neste momento em que escrevo sobre as pessoas negras com as quais estive e que foram mortas pela violência, ocorre-me sem cessar uma passagem da pensadora Cida Bento, a quem, em outro momento, fiz referência. Na ocasião, eu dissertava muito brevemente, num rodapé, sobre a branquitude. Agora, quero sublinhar uma expressão usada por essa autora no contexto do seu estudo sobre a branquitude. Tal conversa se inicia com a minha convicção de que nós, pardos, guardamos um pacto narcísico como escudo em face dos transtornos da violência racista.

Convidar Cida Bento para a conversa é para dessemelhar. Sem dúvida, ela, assim como Fanon, coloca que o pacto narcísico da branquitude está na autopreservação dos seus privilégios, presentes naquilo que é "um pesado investimento na colocação desse grupo como grupo de referência da condição humana".[10,11]

9. Nogueira, 2021, p. 117.

10. Bento, 2014, p. 437.

11. Parte do privilégio branco está em se colocar no centro para ditar o que é ou não humano. Esse privilégio muitas vezes migra para certos domínios do conhecimento onde as pessoas brancas definem, por exemplo, o que é ou não filosofia ou o que é ou não psicanálise. Por isso, intelectuais têm proposto outra chave de leitura para as relações raciais, conforme se pensa a sociedade em geral como dividida entre negros e não negros. A ideia é inverter o polo sobre o qual se assentam as nossas reflexões acerca das relações raciais para, nessa inversão, já descentralizar a branquitude. Essa advertência é importante porque, se de fato queremos acabar com o privilégio branco, é preciso retirar os marcadores da branquitude do centro do debate.

Os brancos procuram proteger os seus privilégios. Nós, pardos, buscamos, em alguns casos, simplesmente sobreviver num mundo hostil aos/às negros/as ou subtrair alguma réstia de privilégio, derivado da distância que fantasiamos guardar em relação às pessoas negras retintas.

Um narcisismo derivativo, se me permitem a expressão, do autêntico e original narcisismo branco, mas nunca original como o da branquitude,[12] que sempre que pode, aliás, lembra a nós, pardos, que não temos apenas um pé na senzala, mas mãos, nariz, cabelo, cor e cheiro; algumas vezes alternando alguns desses marcadores, outras vezes, possuindo todos eles com menos intensidade do que irmãos e irmãs retintas. Afinal, diante do branco, nós, pardos, somos negros. Em nenhum momento isso deixa de ser notado quando alguém nos olha trafegando nos bairros onde a presença negra é menor. Neles, os pardos se reconhecem, pelo olhar dos brancos, como negros. Só camadas e mais camadas de máscaras brancas poderiam nos vestir de brancos/as e, assim, nos disfarçar com algum êxito.

Para sustentar-me como pardo seria preciso incorporar a máscara branca; menos pela pele, ela restava mais negra do que branca, e mais pela adesão à cultura universal. Não bastava me vestir como branco, eu precisava me aventurar no orgulho que os brancos intelectuais guardam com maior sagacidade: a filosofia. A escolha pela filosofia me projetava para dentro do mundo dos brancos. Meus óculos eram aquilo que me diferenciava de Macaquinho e Fuscão, pois raramente alguém negro de óculos circulava no interior das celas do Brasil. Eles se constituíam como aquilo que me preenchia de credenciais para com um simples utensílio me vestir de intelectual.

O avanço nas leituras, a ascensão social que se consolidava na família, e que me permitia comprar livros, e o costume de

---

12. Frank B. Wilderson III adverte que não se trata apenas de reconhecer o narcisismo branco como um elemento psíquico central no processo de subordinação das pessoas negras. A branquitude exerce esse narcisismo na forma de um sadismo que explica o grau de violência da branquitude perpetrada contra as pessoas escravizadas (Wilderson III, 2021).

frequentar a biblioteca, onde a minha mãe trabalhava e onde eu consumia com leituras cada minuto da minha tarde, equivalente a um turno de quatro horas. Eu espraiava meu olhar sobre páginas de Nietzsche e de História do Brasil. Formavam-se as condições para que eu percorresse sem grandes dificuldades aqueles pensadores – eram na maioria homens – com uma intimidade congruente à distância que eles guardavam de mim.

Era "o universal", que da boca daqueles pensadores, parecia-me uma entidade suprema e mística. Alguns dos meus colegas e minhas colegas, todos brancos, teriam a oportunidade de visitar a Grécia e por lá vagar em busca de algum resíduo material dessa suposta universalidade. Outros visitariam o túmulo daqueles filósofos com a reverência que normalmente é destinada aos santos e às santas. Eu mesmo faria isso na minha estadia em Paris, com seus inúmeros monumentos históricos ou marcadores da supremacia branca. Ainda que empapada de devoção, a filosofia que eu devorava vinha com a prescrição que, mesmo quando trata de temas canônicos da teologia, a filosofia é sempre a melhor forma de espelhar o universal por sua suposta neutralidade cultural.

A filosofia que eu aprendia na graduação, cujo ápice do desenvolvimento foi um doutorado na Sorbonne, era duplamente universal. Era universal do ponto de vista temporal por estar presente em todos os tempos a partir do momento em que foi criada; era universal porque válida para qualquer parte da Terra, quiçá, do Universo.

O mais interessante disso era que a filosofia autorizava homens de carne e osso como eu a falar daquilo que nunca experienciaram porque simplesmente falavam supostamente daquilo que é humano e independente da cultura. Foi assim com Kant: o falso cosmopolita de Königsberg. Aliás, quem não concordasse com isso seria rapidamente tachado como selvagem. Neste momento, eu ainda não sabia que o selvagem se referia a mim, pois, segundo Hegel, muito afinado tanto com o universal quanto com o absoluto, duas faces da mesma moeda, nós que compomos a América do Sul seríamos a imagem do selvagem, como mostrei no primeiro capítulo. Essas informações eram omitidas nos cursos de filosofia.

Enquanto vagava na filosofia, projetava-me na cultura branca, como se fosse minha também, porque supostamente seria de todos: seria universal. No entanto, eu era convidado – constrangido – a aprender a língua com a qual os filósofos europeus enunciavam os seus universais. Isso ficava bem claro quando nos chegava aos ouvidos a citação, já vertida em português, de Heidegger a respeito da impossibilidade de filosofar em outra língua que não seja o alemão ou o grego. A concessão ao grego fazia parte do projeto de retomada do legado grego, levado a cabo pela filosofia alemã. O que importava mesmo para Heidegger era a defesa do seu "povo metafísico" por meio da defesa de que o alemão era a língua da filosofia por excelência.[13]

Alguns colegas, mesmo sem saber o alemão, arriscavam dizer que a língua alemã permite uma plasticidade conforme a qual novos conceitos poderiam ser facilmente criados, de tal forma que isso justificaria que o alemão fosse a língua própria da tarefa do pensamento. Parecia mais fácil buscar uma justificativa na língua alemã, afinal Heidegger falava de um ponto de vista universal, do que denunciar o germanocentrismo de Heidegger, e que é fortemente presente, como vimos no primeiro capítulo, na filosofia alemã.

Isso impactava mais a gente, que estava na periferia do mundo, do que os europeus, como os franceses, que disputavam com os alemães a patente do universal. E vejam só: há disputa pelo universal entre eles! Cá entre nós, restava-nos aprender uma daquelas línguas, meus colegas brancos geralmente sabiam mais de uma, para decidir por onde seria mais exitoso o nosso processo de colonização.

Apesar de ser chamado de selvagem por Kant e tantos outros em vários textos, como apresentei no primeiro capítulo, seguia pensando na possibilidade de fazer uma aliança com a branquitude por meio da modulação de minha voz, da capacidade de desenvolver raciocínios abstratos e de seguir um fio lógico de

---

13. Heidegger, 1999.

argumentação. A facilidade com a argumentação e a leitura me habilitavam a vivenciar o mundo dos meus professores brancos. Eu tinha aquilo que Fanon chamou de "sanção da branquitude".[14] Ainda que ninguém me visse como branco – como digo, a branquitude nunca o deixa se esquecer de que você é negro –, cada vez que avançava no mundo das letras me sentia mais pardo, e, quando transitava entre os meus amigos brancos com a história da filosofia na ponta da língua, a minha negrura passava despercebida. Escondia meu corpo com as palavras. Com a filosofia.

E para não assumir a minha negrura, muitas vezes conectava a minha pardidão à herança indígena. Mesmo sendo exterminados num genocídio sem precedentes na história humana, e ainda sendo queimados nos bancos de Brasília na década de 1990, os indígenas tinham alguma relevância social no espaço público no que diz respeito ao aparecimento de sua luta na pauta nacional nos anos 1990. Passavam a figurar como uma "raça" no censo realizado pelo Instituto Brasileiro de Geografia e Estatística (IBGE). Um exemplo desse superficial respeito é que os estudantes responsáveis por queimar dois indígenas no banco da praça em Brasília alegam que achavam que era um mendigo, ou seja, uma pessoa negra e considerada, portanto, indigente.

Nesse ponto, fico me perguntando duas coisas: não sei se podemos obliterar a mistura que efetivamente existiu entre negros e indígenas; e também me ocorre a lembrança de bell hooks, com a sua preocupação em articular o passado indígena e negro. Não acho que seja sem pertinência esses dois vetores aqui elencados. Na minha história pessoal isso é tanto evidente quanto flagrante. Outro elemento de destaque é que uma posição que divide a humanidade entre negros e não negros não me parece suficientemente radical, porque nos inscreve ainda numa dualidade que é própria do projeto de humanidade branca. Devo conversar sobre esses pontos, mas adianto que, seja como for, é a própria filosofia, mais uma vez germânica, que alerta que a

---

14. Fanon, 2020, p. 66.

minha negrura tampouco pode ser disfarçada por algum traço indígena. No final, Hegel nos considera igualmente inferiores: "A América sempre se mostrou, e ainda se mostra, física e espiritualmente impotente".[15] Quando releio essa frase de Hegel, lembro-me de uma das músicas de Clementina de Jesus, *Cangoma me chamou*: "Tava durumindo, Cangoma me chamou. Tava durumindo, Cangoma me chamou. Disse: levanta povo, cativeiro já acabou. Disse: levanta povo, cativeiro já acabou".

A filosofia: um grande cativeiro. Por meio de outras leituras, comecei a desconfiar de que, de algum modo, o racismo não estava presente apenas marginalmente na filosofia. Via que, pelo menos na moderna, ela informava o modo como as teorias filosóficas – como mostrei no primeiro capítulo – foram construídas também para reforçar o racismo em relação não apenas às pessoas negras, oriundas sobretudo da África, mas também aos povos originários. Ou seja, a área no interior da qual eu me embranqueci e construí a segurança de ser tomado como pardo era justamente a área em que o racismo imperava e me obrigava, a despeito da minha passabilidade de pardo, a tomar consciência de que eu era na verdade um homem pardo e negro mais do que um filósofo.

Para desistir das migalhas que a branquitude me concedia por transitar sem dificuldades no cânone filosófico, era preciso fazer o esforço de matar meus pais para sair do cativeiro que a filosofia me impôs. Todos aqueles cidadãos ilustres que reduziam a minha escrita a comentar, sempre na intenção de exacerbar, as qualidades dos sistemas filosóficos não poderiam mais figurar como os porta-vozes da verdade universal e absoluta. Começar pensando coisas menos absolutas mediante o reconhecimento da própria contingência da filosofia me levou a desbravar não apenas a leitura dos que se faziam dissidentes no interior da branquitude, mas me aproximou de outras experiências de pensamento capazes de retirar de mim o pacto – invariavelmente assimétrico

---

15. Hegel, 1999, p. 74.

– com a branquitude que me distanciava da negrura por meio do uso branco da categoria de pardo.

Não foi a filosofia que me ensinou a conter o afã pelo universal. Talvez certa tradição filosófica dissidente tenha feito esteio, caminho. No entanto, volto ao início deste capítulo para reforçar que, na psicanálise, por meio da qual realizo a minha narrativa singular de mim mesmo, meu caminho já era vacinado em face das pretensas universalidades. E, com a experiência e a leitura das psicanalistas negras, eu abandonava efetivamente a pretensão de universalidade filosófica, não para abraçar desta feita outra universalidade, aquela que está na base da psicanálise e seus arquétipos de poder, mas para imergir na singularidade das vivências da negrura. Eu ficava mais perto de ser preto. Para continuar discorrendo um pouco mais sobre isso, é preciso ainda apresentar o ponto de inflexão que o pensamento da negrura inflige à psicanálise, porque sem a compreensão do caráter identitário da psicanálise eu não poderia lançar mão dessa prática clínica para aqui entornar meu relato de memória e servir de escuta das pessoas negras como psicanalista.

A psicanálise negra me deu régua e compasso. Sobre ela deverá ser o meu próximo livro. Com efeito, o que gostaria de sublinhar é como me dei conta dos limites raciais da psicanálise não apenas no que se refere ao modo como relato a minha singularidade, mas também a como me decidi ser escuta das subjetividades negras. O que me vem primeiramente à consciência é uma das passagens da música de Mateus Aleluia: "meus traumas, Freud não explica". Acredito que a letra da música tem razão. Porém, como se trata aqui não de uma música, mas de um livro que toca às questões raciais pelo prisma da filosofia e da psicanálise eu devo vagar com palavras sobre a natureza da psicanálise ou sobre o que nos autoriza a sermos psicanalistas para continuar uma análise de mim mesmo e daquelas pessoas que escuto na minha clínica de modo condizente com um enfrentamento ao identitarismo branco.

Devo dizer que as leituras de Freud nunca me foram estranhas, antes que alguém se apresse em dizer: "você não leu Freud".

Ele figura na coleção "Os pensadores". Na minha adolescência e início de juventude essa coleção era como a Bíblia, apenas espraiada em diferentes volumes. Freud é um clássico desses tantos poucos homens escolhidos como tais por tantos de nós que os reproduzimos, como se a sua cor fosse uma extensão da nossa, e por outros que recolhem os seus espólios para fazerem uma só tradição; como se na História a continuidade do pensamento estivesse dada. No entanto, o que Freud colocava como condição para ser um psicanalista não me parece compatível com as questões da negritude que ora trato.

Assim, se acompanhamos a definição de Freud do que seria a psicanálise, e com a qual ele condiciona o reconhecimento de uma pessoa como psicanalista, é preciso nos perguntarmos se nós, pardos, podemos realmente pactuar com a branquitude ou se devemos definitivamente assumir a nossa negrura. A definição de Freud num verbete sobre o que é a psicanálise precisa ser citada, especialmente porque compõe um dos textos dedicados à "formação em psicanálise" ou daquilo que se espera de um analista. Ela é a seguinte:

> As Pedras Angulares da Teoria Psicanalítica – A pressuposição de existirem processos mentais inconscientes, o reconhecimento da teoria da resistência e repressão, a apreciação da importância da sexualidade e do complexo de Édipo constituem o principal tema da psicanálise e os fundamentos de sua teoria. Aquele que não possa aceitá-los a todos não deve considerar-se a si mesmo como psicanalista.[16,17]

A ressalva feita por Freud no texto é de que não se trata de escolher algumas dessas "pedras angulares da psicanálise", nem mesmo a maioria. A aceitação integral desses pressupostos é condição necessária para ser psicanalista; pelo menos neste texto.

---

16. Freud, 1923.

17. Freud, Dois Verbetes, original 1923. É evidente que Freud oferece, no transcorrer de sua obra, outras definições de psicanálise e mais especialmente do que é o psicanalista. Meu objetivo não é fazer uma genealogia do conceito na obra de Freud, apenas recuperar uma definição, pensada por ele para um grande público, que não pode ser simplesmente negligenciada e que revela alguns pilares, ou na expressão mesma presente no texto, pedras angulares da psicanálise.

É claro que Freud reformula e outros/as psicanalistas irão propor novos critérios para a identificação do que seria um psicanalista. Contudo, o que quero sublinhar é que a aceitação desses pressupostos vem carregada de um pressuposto mais grave que sequer é anunciado no texto: a universalidade dos conceitos da psicanálise.

Novos paradigmas na psicanálise foram mobilizados no interior da tradição europeia, mas não sem frequência se reivindicava o legado de Freud para legitimá-los. A centralidade de Freud permanecia, mesmo que alguns contornos tenham sido abertos. A forma mais lapidar de representar isso foi aquela tecida por Lacan, que reafirmava a necessidade de se "voltar a Freud". Aqui, não me interessa perguntar nem a qual Freud se deve retornar ou a qual Freud Lacan pensa está retornando, mas a própria exigência ou imperativo do retorno aponta para o que está na disputa: o legado de Freud. Ou ainda: a disputa sobre quem continuará a determinar o que é a psicanálise nunca passou pela negação do pai.

Não se matou o pai porque todo mundo se beneficiava do poder do pai de financiar uma perspectiva universal sobre a natureza humana e especialmente sobre a psique humana. Cada um se beneficia ao seu modo. Diferentes filhos e filhas que não estavam dispostos a abandonar a origem e, mais especialmente, o poder que dela emana. E esse poder não é tanto assentado na robusteza dos conceitos produzidos por Freud, como se sem eles não pudéssemos imaginar outros caminhos para a psicanálise, nem está assentado apenas no reconhecimento de que a psicanálise é a disciplina do conhecimento humano criada por Freud. O poder não tem uma relação que se reduz apenas ao poder do pai no que diz respeito à qualidade de sua teoria, mas se relaciona também a toda "horda" onde se localiza a obra de Freud e nos modos como é comercializada como poder. A continuidade que marca a história da psicanálise e a mantém viva reside na branquitude e no seu pressuposto de que o seu modo de existir é o espelho do mundo.

Será justamente quem está à margem desse processo ou dessa tradição da psicanálise branca quem dirá que o rei está nu ou que parte do sucesso da psicanálise se deve ao fato de sua tradição ser perpetuada pela branquitude. É da periferia do sistema que a mudança se desenlaça. A mudança vem das quebradas.[18]

Foi a leitura de Fanon que me deu coragem. Primeiramente foi com ela que a branquitude conheceu uma significativa ferida narcísica. A branquitude não é o universal para o qual as demais culturas devem mirar como exemplo, mas uma identidade entre outras, uma cultura entre outras, pessoas entre outras. Selvagem como as demais culturas e igualmente capaz de gestos de cuidado como as demais culturas.[19] Retirar o caráter universal do espelho por meio do qual a branquitude se reconhece como a única humanidade possível é lhe desferir um golpe narcísico sem precedentes na História, uma vez que nem todas as culturas tinham a pretensão de serem elas, e apenas elas, a imagem do absoluto, ao passo que isso foi constitutivo da cultura da branquitude. Não existe projeto de branquitude sem essa formatação do narcisismo.

E esse narcisismo branco é explícito. Ele está no outdoor, na televisão, nas salas de aula, nos espaços públicos e privados. Em suma, está em tudo aquilo que se refere aos espaços de aparecimento. Sobre ele, Cida Bento nos ensina: "O silêncio, a omissão, a distorção do lugar do branco na situação das desigualdades raciais no Brasil têm um forte componente narcísico, de autopreservação, porque vêm acompanhados de um pesado investimento na colocação desse grupo como grupo de referência da condição humana".[20]

---

18. Freud associou a sua defesa, muitas vezes solitária da psicanálise, à sua condição de judeu, pois, para ele, os judeus estariam familiarizados com a solidão (Freud, 1925, p. 275). A defesa da universalidade da psicanálise é associada ao caráter do povo judeu numa espécie de "ato falho", no qual Freud deixa a entender que uma atitude diante de uma teoria está marcada pelo contexto no qual esta teoria é gestada e pensada no interior de uma determinada cultura e momento histórico.

19. O caráter estrutural da violência na experiência identitária da branquitude não se reduz ao morticínio entre as pessoas brancas, destacado com justeza por Aimé Césaire (1955) e que com o nazismo ganhou o seu ápice. Ela se estende, sublinha Fanon (2022, p. 242), para os outros povos: "A desgraça e a desumanidade do branco consistem em ter matado o ser humano aonde quer que fosse". O uso do termo *selvagem* pela branquitude parece se aplicar de forma mais correta à própria branquitude.

20. Bento, 2014, p. 437.

Na psicanálise ocorre algo similar. Percorrendo com olhar a comunidade psicanalítica brasileira, responsável por formar as instituições de psicanálise mais renomadas, segundo os critérios da própria branquitude, os sobrenomes de origem europeia abundam na mesma proporção em que se escasseiam os Silva, os Santos, os Nascimento e os Souza. Lembro-me da confissão de Neusa Santos Souza ao meu conterrâneo, também psicanalista, Jurandir Freire, de que não tinha mais interesse em falar da subjetivação das pessoas negras porque não encontraria leitores e leitoras negros, os quais não figuram nas instituições de psicanálise. A difícil solidão das pessoas negras no interior das instituições de psicanálise, onde Neusa Santos Souza se encontrava só como tantos de nós nas instituições de psicanálise.

Como então se tornar psicanalista quando habitamos um ambiente de supremacia branca, disfarçada no discurso da universalidade das categorias psicanalíticas? Como se tornar psicanalista quando somos constrangidos, para sermos reconhecidos como psicanalistas, a aderir à compreensão freudiana de que se poderia pensar o sofrimento sem a variável determinante do racismo?[21] Eu poderia ser um psicanalista mesmo sem acreditar na centralidade do complexo de Édipo para explicar os processos de subjetivação das pessoas negras? Eu, que nunca me senti branco, apesar de todas as máscaras com as quais vesti minha face de conceitos, palavras estrangeiras e apreço pela gramática supostamente limpa e imparcial da psicanálise, poderia ser um psicanalista?

Posso concordar sem problema com a famosa ideia de que é com a psicanálise que perdemos a segurança de sermos senhores em nossa própria casa ou que com a psicanálise aprendemos que não temos pleno domínio sobre nós mesmos e sobre o nosso comportamento. No entanto, a casa para as pessoas

---

21. A psicanálise pode ser tomada como um projeto colonial se não fizer a revisão de sua base conceitual que está inscrita na branquitude de sua origem. Para que uma psicanálise não identitária seja possível, é preciso assumir o que há de branquitude na psicanálise e proceder uma elaboração daquilo que diz mais de uma identidade branca do que é capaz de falar de outros corpos.

negras não é necessariamente uma família burguesa nuclear com as suas neuroses cirurgicamente mapeadas por Freud, com a precisão de quem fala de si, ainda que fantasie estar falando do universal. A neurose é mais complexa e não é propriedade de uma cultura. Sem dúvida, está fortemente no seio da família heteronormativa e patriarcal criticada e ao mesmo tempo reproduzida por Freud. Nisso, aliás, a branquitude nos contamina com suas neuroses e coloniza o nosso próprio sofrimento. Quero sublinhar, contudo, outro aspecto relevante da neurose: aquele que atinge diretamente as pessoas negras.

A neurose, longe de ser uma condição psíquica que atravessa diferentes culturas nos mais recônditos lugares do planeta de modo universal e sempre com os mesmos arquétipos, é diversa e se conecta a vivências diferenciadas. Foi nesse sentido que Fanon dissertou extensamente sobre a necessidade de compreender que o sofrimento que incide sobre as subjetividades negras é de ordem colonial. Assim, um atendimento ou escuta das pessoas negras que se referencia nas categorias da branquitude não conseguirá realizar uma escuta radicalmente cuidadosa, mesmo que seja empreendida por uma pessoa negra. Afinal, nada impede que uma pessoa negra esteja vestindo a máscara branca e, com isso, resguardando a teoria psicanalítica sem o recorte racial.

É com essa preocupação que Fanon trincha as variações raciais no cuidado com a saúde mental de acordo com a incidência do racismo nos processos de subjetivação das pessoas negras:

> Toda vez que lemos uma obra de psicanálise, discutimos com nossos professores ou conversamos com pacientes europeus, ficamos impressionados com a inadequação entre os esquemas correspondentes e a realidade que o negro nos apresentava. Concluímos paulatinamente que há uma substituição da dialética quando se passa da psicologia do branco ao negro.[22]

O ponto de Fanon é que, sem o recorte de raça, a psicologia e, mais especialmente, a psicanálise estão fadadas a condenar as subjetividades negras ao projeto colonial. Isso não impede,

22. Fanon, 2020, p. 166.

contudo, que acidental e tangencialmente a psicanálise possa servir para alguma espécie de cuidado. O ponto não é esse. A questão é de um enquadramento estrutural e versa sobre a força e a centralidade do racismo nos processos de subjetivação das pessoas negras.

Com essas minhas palavras sublinho que a psicanálise sem a revisão racial de sua base conceitual opera como uma ideologia a qual consubstancia o ideal do ego ao modelo da branquitude. A psicanálise sem essa revisão da racialidade parece compor aquilo que Neusa Santos Souza compreende como ideologia, e a trarei para a nossa conversa porque é com a sua obra que tenho tecido o fio da presente reflexão: "A ideologia é aqui entendida como um sistema de representações, fortemente carregadas de afetos que se manifestam subjetivamente conscientes como vivências, ideias ou imagens e no comportamento objetivo como atitudes, condutas e discursos".[23]

Com essa definição de ideologia, acho que é possível vislumbrar como a psicanálise pode simplesmente produzir e reproduzir a ideologia vigente e calcada num racismo por meio da qual se afirma a humanidade por negação da humanidade das pessoas negras. A psicanálise, como ideologia, pode ser lida como um instrumento do projeto de modernidade. Para evitar que a psicanálise seja cooptada como ideologia da brancura é preciso realizar, esse é o meu ponto, um arrefecimento da sua pretensão de englobar todos os processos civilizatórios num mesmo quadro de subjetivação de natureza edípica. Ou seja, para refazer a ordem colonial é preciso entender que a unidade com a qual a tradição psicanalítica se pensa se enlaça numa espécie de contrato sexual que não abarca necessariamente todas as culturas. Esse contrato sexual, que seria o responsável pela formação da civilização, segundo Freud, não pode ser entronizado como a única chave para se pensar os processos civilizatórios.

---

23. Souza, 2021, p. 74.

É preciso entender que, na chave do universal, a psicanálise é muito mais expressão de uma ideologia do que um retrato do humano, porque, entre outras coisas, há outros elementos mais centrais na vida das pessoas negras do que o complexo de Édipo. Afinal, o complexo de Édipo, afirma Fanon, "está longe de ser a luz entre os negros", visto que o sofrimento impingido às pessoas negras envolve fatores raciais que perpassam a sua existência desde o processo da gestão e constituem o seu processo de subjetivação antes mesmo da triangulação edípica.[24]

O ponto é que a universalidade da psicanálise é comprometida pelas questões raciais, as quais apontam para o fato de que o sofrimento tem uma natureza complexa e é indissociável da cultura, como pontua o conceito fanoniano de sociogênese. Nos escritos de psiquiatria de Fanon, é possível recuperar como ele entende que os problemas de ordem psíquica não se reduzem a um único fator de explicação: "A pessoa existe sempre em via de... Ela está aqui e, com outras palavras, e, nesse sentido, a alteridade é a perspectiva reiterada de sua ação. O que equivale a dizer que o ser humano, como objeto de estudo, exige uma investigação multidimensional".[25]

Destaco a palavra "exige". Há uma exigência de ordem existencial e social para que o conhecimento e o cuidado com a psique humana não sejam inscritos num discurso tanto unitário quanto universal. Assim, para desafiar o identitarismo branco é preciso, segundo Fanon, compreender que o sofrimento é multifatorial e que, principalmente no caso das pessoas negras, a sua raiz não está no que tradicionalmente foi objeto da psicanálise.

É nesse sentido que Fanon libera as pessoas negras para compreenderem os seus processos de subjetivação do sofrimento num horizonte dissonante das teorias psicanalíticas estabelecidas. Assim, a singularidade do sofrimento das pessoas negras só pode ser acolhida quando se desvia do foco dos arquétipos ou conceitos constituintes

24. Fanon, 2020, p. 132.
25. Fanon, 2020b, p. 317.

da psicanálise para se voltar a uma escuta das formas de sofrimento presentes na existência de pessoas vítimas do racismo. A grande questão para o negro, como pontua Fanon, a quem recorro mais uma vez, "é saber se é possível para o negro superar o seu sentimento de inferioridade, expulsar de sua vida o caráter compulsivo que tanto o aproxima do comportamento fóbico".[26]

Com esse ensinamento de Fanon, consegui compreender que parte do meu sofrimento estava na negação da minha negritude; a fobia em relação ao meu próprio corpo. Para elaborar essa forma de sofrimento, que tinha como estrutura defensiva a minha autocompreensão como pardo, foi necessário dar cor àquilo que até então fantasiava não me atingir por me vestir com a máscara branca. Tinha que aceitar que, embora fosse pardo e de classe média do subúrbio, eu era subjetivado, a despeito da minha vontade e pela natureza ideológica do racismo, como negro. Eu precisava entender que meu sofrimento também era de ordem racial. Seria necessário vivenciar singularmente a experiência de ser negro: o seu sofrimento e a sua alegria sem, contudo, incorrer num aporte identitário presente tanto na psicanálise quanto na filosofia.

Negro sem identidade

> A branquitude é, portanto, diversa e policromática.
> A negritude, no entanto, padece de toda sorte de
> indagações.[26]

Deixar de ser pardo é assumir que o sofrimento racial não será obstado pelo uso da máscara branca, mas imposto. Ele se impõe independentemente da minha vontade. Com efeito, precisei sair da condição de excepcionalidade meritocrática – o negro inteligente, daquele tipo que Hume ceticamente desconfiava que fosse possível existir, e capaz de pensar como um branco na

26. Fanon, 2020, p. 65.
26. Carneiro, 2011, p. 71.

língua dos brancos – para imergir na vulnerabilidade com a qual passava a me conectar com todos os irmãos e todas as irmãs para os quais as letras nunca foram caminho, mas um obstáculo. Aliás, saber que estou professor e psicanalista diz menos do meu mérito, com o qual adentrei no mundo da branquitude e por ela fui apenas parcialmente reconhecido como um dos seus, e mais da ausência de tantos e tantas. Não se trata, portanto, da solidão dos bons, mas da ausência de corpos como o meu nos espaços de aparecimento. O ponto é que uma conquista de uma pessoa negra diz muito mais das ausências, assim me ensinava o colega e amigo psicanalista negro Mazes, do que de um suposto mérito pessoal.

E isso ficava ainda mais claro quando eu lia em bell hooks a seguinte passagem: "O racismo internalizado continuará a erodir a luta coletiva por autodefinição".[27] Não há posição mais racista do que a defesa da meritocracia num contexto de profunda desigualdade racial. A armadilha dessa posição repousa na sua capacidade de nos retirar o foco de um "compromisso estável com a política radical" para darmos vazão a certo narcisismo que nos coloca individualmente numa posição de destaque, segundo os códigos da branquitude.[28] Meu amigo e hooks me convidavam para a roda da negrura e, como um martelo rodado da capoeira, as suas palavras me desidentificavam como pardo. Com efeito, é preciso gingar mais. É preciso identificar o branco para desidentificar o negro.

Para quebrar o pacto dos pardos seria necessário arrancar a máscara branca, a qual passei a identificar na filosofia que estudava, na modulação da minha fala, nos meus gostos culturais supostamente universais e, sobretudo, na minha ascensão social. Precisei realmente tomar as palavras de Neusa Santos Souza como se fossem minhas:

> A história social da ascensão do negro brasileiro é, assim, a história de sua assimilação aos padrões brancos de relações sociais. É a história da submissão ideológica de um estoque racial em presença de outro

27. hooks, 2019, p. 60.
28. Idem, p. 111.

> que se fez hegemônico. É a história de uma identidade renunciada, em atenção às circunstâncias que estipulam o preço do reconhecimento ao negro com base na intensidade de sua negação.[29]

Para deixar de ser pardo, precisei abandonar o ideal do ego branco, mas isso só é possível quando identificamos a branquitude como ideologia e no mesmo compasso nos reconhecemos como um corpo disruptivo ou antissistema.

Trata-se de um amálgama. O amálgama, pelo menos no meu caso de homem negro, de raça e classe. No entanto, o erro de certos marxistas é achar que esse casamento é uma relação simétrica. Foi nessa assimetria que a obra de Neusa Souza pretendeu mostrar que a ascensão social do negro não implica o fim do racismo. O caráter estrutural do racismo não permite que a ascensão social restrita a algumas pessoas possa subverter a lógica que preside uma sociedade marcada pela divisão racial. As pessoas negras ricas continuam sendo negras, ainda que eventualmente tenham propriedade sobre os meios de produção.[30]

Por isso, a fala do meu amigo e colega foi tão importante. Conseguir ser o primeiro e, por enquanto, único doutor da minha família não é uma proeza individual, mas a denúncia das ausências. Assim, sem outros corpos como o meu, junto comigo, eu seria sempre tomado como um negro inteligente que dedicou um profundo esforço pessoal para ascender – ou resta a lógica meritocrática graças à qual eu seria lido como um vencedor quando, na verdade, a minha posição isolada revela como nós, pessoas negras, não tivemos oportunidades.[31] Dessas sereias capazes de nos sequestrar pela vaidade eu não escutei o canto, nem precisei

29. Souza, 2021, p. 23.

30. O marxismo é uma boa chave de leitura (talvez por isso tanta gente preta tenha navegado nas águas daquele refugiado europeu, expulso do seu próprio país) quando aponta que a mudança tem que ser estrutural e, como tal, tem que tocar nas questões relativas às relações de produção. Numa palavra: nas questões materiais. Contudo, mesmo que as questões materiais fossem resolvidas, restaria o racismo. Democratizar os meios de produção, sem dúvida, é uma condição necessária, mas está longe de ser suficiente para pôr fim ao racismo.

31. As soluções liberais parecem que nunca se dão conta de que a mudança tem que envolver um sistema de representações de ordem econômica, jurídica e política. Numa

me amarrar a mastros. Com efeito, ser marcado como negro com toda a minha *passabilidade* de pardo e linguagem afinada de gente branca indicava que o meu corpo é objeto de uma experiência comum com outros corpos negros. Uma experiência que é singular, como o presente relato,[32] mas se trata de uma singularidade que se realiza numa corporeidade negra e, assim, num corpo coletivo.

Tomar consciência dessa experiência de corpo foi assumir a negritude sem necessariamente assumir um modo existir estritamente africano ou simplesmente afirmar outra identidade; como se fosse possível operar apenas com as categorias coloniais e, portanto, pensar de modo identitário. Tornei-me negro quando reconheci que o meu corpo é a memória de uma história aberta e com diferentes trilhas na mesma proporção que é um território de desidentificação com o ideal do ego branco. Meu corpo se conecta aos demais corpos negros por abrigar a história do racismo que se renova ideologicamente na sociedade e com o objetivo de sempre atingir o corpo negro. Assim, por mais que eu seja um intelectual no domínio onde nem todas as pessoas brancas têm acesso, sou negro como meus amigos e minhas amigas brancos são brancos. O corpo nos divide porque vivemos experiências diferentes com o corpo que somos. Isso, contudo, não constrói necessariamente um fosso ontológico sem fim e intransponível entre brancos e negros.

Nisso, preciso dizer que me desidentificar da minha máscara branca, em virtude da qual me via como pardo, não significa apagar leituras, romper amizades, renegar parcerias e simplesmente esquecer que somos também a história que nos atravessou.

---

palavra: uma estrutura. A ascensão de alguns negros e algumas negras, na verdade, pode reforçar o racismo porque reforça o discurso do mérito.

32. Outras singularidades negras sofrem de modo dissonante. Elas se culpam, muitas vezes, pelo seu talento e empenho. Na minha escuta clínica, pessoas negras brilhantes entornam a dificuldade de serem bem-sucedidas numa família marcada pela precarização das condições sociais e econômicas. Elas se sentem deslocadas tanto no universo da academia, notadamente branca e muitas vezes responsável por sua ascensão social, quanto no universo dos lugares onde nasceram e frequentemente ainda moram, porque neles há um número enorme de pessoas que não tiveram os mesmos acessos. É uma espécie de experiência de não lugar aquilo que lhes habita.

O meu corpo, assim como o continente do qual vieram os meus antepassados, é a geografia da mudança. Nele se condensa o feixe de múltiplas formas de existir com as quais me sinto uma abertura indefinida num país com uma história que é minha porque é de todas as pessoas negras responsáveis pelas grandes mudanças aqui operadas.[33] Sou também africano em diáspora, mas sou, sobretudo, brasileiro.

Meu processo de desidentificação não deveria ser uma forma de substituição de uma identidade por outra. Isto é, trocar uma identidade fantasiosamente branca, que se encontrava dissimulada com a categoria de pardo, por outra identidade de negro, como se ser negro implicasse, por exemplo, assumir um nome de origem africana ou reivindicar uma realeza africana.[34] Ou, ainda, como se houvesse a essência própria do ser negro e como se alguém pudesse, para além da racialização do corpo negro, determinar o que é autenticamente ser negro.

É importante notar que a África é diversa e complexa como o são as regiões geográficas pelas quais circulam diferente povos e o entrelaço entre eles. Em certo sentido, a África não existe, como em determinada oportunidade disse Achille Mbembe. Ela não existe não propriamente pelas razões que levaram Hegel, como mostrei no primeiro capítulo, a retirar a África da História humana ou universal, mas porque ela, em certo sentido, assim como o negro, é uma construção colonial nos termos em que inclusive forma o Brasil. Não preciso retomar alguma África supostamente essencial e que poderia existir independentemente da colonização para me reconhecer como negro no lugar de fala do qual erram as minhas palavras: o Brasil.

---

33. Santos, 2022.

34. É com as palavras de Silvio Almeida que me sinto confortável para reafirmar que não existe o negro tal como uma essência inscrita num momento único da História. "Da mesma forma que não existem 'negros essenciais' que sejam legítimos herdeiros de realezas africanas perdidas no tempo, não existem brancos (...) que não sejam resultantes de uma construção muito paciente e cuidadosa da modernidade, como ensina Achille Mbembe" (Almeida, 2019b, p. 12).

Nesse ponto, é com certa concepção de negritude, ou de antinegritude, como uma ontologia do sujeito negro que estou dialogando para me assumir negro. Não quero ser negro para ser uma entidade universal (temporalmente aplicável a toda experiência das pessoas negras ao longo da História), muito menos a expressão de uma cultura necessariamente de matriz africana, sem a qual eu simplesmente não poderia estar autorizado a ser negro. Meu ponto é que se tornar negro é assumir, por um lado, a experiência radical da vulnerabilização do meu corpo, porque ele partilha uma experiência comum com outros corpos de ser racializado, e, por outro, assumir que a minha corporeidade na sua ginga é resistência às práticas identitárias da branquitude. Preciso conversar um pouco mais sobre a distinção entre a experiência de ser negro e a identidade negra. Acredito que uma coisa não se segue à outra. Giremos mais um tanto.

É evidente que estereótipos e preconceitos atravessam a história da comunidade humana. Sem dúvida, será a partir deles que o discurso filosófico da modernidade, com a categoria de raça, constituir-se-á como um operador epistêmico, graças ao qual se justifica a superioridade de certos costumes de matriz europeia em relação aos demais povos do globo terrestre. Com efeito, é importante sublinhar que não apenas em relação aos negros os filósofos modernos desferem discursos racistas. Por exemplo, Hegel não criticou apenas os povos da África, ainda que os tenha colocado num dos patamares mais baixos do que poderia ser entendido como humano. Parte de sua crítica fala muito mais da sua crença na superioridade europeia do que propriamente uma crítica dirigida apenas ao povo negro. Como disse em alguns momentos deste livro, o universal é sempre posterior ao reconhecimento filosófico da supremacia branca.

Meu desconforto com a antinegritude é ressaltado aqui porque, para me tornar negro, não quero abandonar certos elos, possibilidades de aliança e a construção de um corpo político transracial. Compartilho a posição de Haider segundo a qual "a problemática 'antinegritude' radicaliza e ontologiza uma perspectiva separatista e excepcionalista negra, rejeitando até mesmo o mínimo gesto em direção a alianças implícitas na expressão *pessoas de cor*".[35]

Sobre esse ponto, seguem alguns argumentos. Com efeito, queria destacar inicialmente que as razões da crítica de Haider podem não coincidir completamente com as minhas. Ele fala de um lugar de um filho de imigrantes paquistaneses, nascido nos Estados Unidos, e cuja família não guarda um elo, ainda que distante, como vítima do tráfico de pessoas escravizadas. O preterimento racial que lhe acomete é de outra ordem. Todavia, ele existe: corta, discrimina e condena pelo fenótipo da mesma forma que o racismo exerce a sua castração das pessoas negras. Isto é, o centro do racismo como episteme, como mostrei no primeiro capítulo, é a afirmação da superioridade branca em relação aos demais povos, e, por essa razão, o racismo é uma técnica ou tecnologia[36] dinâmica de controle social cuja plasticidade pode se aplicar a todos os corpos.[37]

Tendo a concordar com Mbembe, com certo entusiasmo, no que diz respeito à compreensão de que a racialização é uma lógica de dominação que se molda em diferentes tempos como forma

---

35. Haider, 2019, p. 64.

36. O racismo se alimenta e se constitui pelo fomento e disseminação de estigmas. Ele é uma produção de símbolos que inscreve em certos sujeitos imagens fixas de subalternidade (Mbembe, 2019, p. 70; 2022, p. 160).

37. O caso mais evidente do racismo dirigido a pessoas brancas é o nazismo. Aliás, alguns pensadores negros recorrem à condição do judeu para mostrar como a Europa e mais precisamente a Alemanha, tomada como um povo metafísico por Heidegger, foi capaz de matar à exaustão pessoas do seu próprio território sob uma episteme claramente racista (Césaire, 1955; Fanon, 2020). Contudo, apesar de os judeus terem sido efetivamente dizimados, Haider (2019, pp. 88-89) nos conta que o racismo foi dirigido também aos irlandeses, que só depois de um longo processo puderam ser considerados "brancos" e desfrutarem do privilégio branco. Concordo com Haider a respeito desse ponto, mas no caso das pessoas negras, diferentemente dos judeus aqui no Brasil e de outras pessoas brancas oprimidas pelo mundo afora, elas nunca podem pactuar com a branquitude porque são negras. O fato de o corpo ser o critério de identificação das pessoas negras é o caráter específico do racismo que lhes é dirigido (Nogueira, 2021; Fanon, 2020, p. 11). Talvez por ser uma disposição corporal, Isildinha Batista Nogueira tem dito que há um limite biológico para a pessoa negra se tornar branca, qual seja, o seu próprio corpo (Nogueira, 2021, p. 122).

mais própria de instituir a opressão. Concordo porque a experiência do racismo infligido ao negro é vivida singularmente pelas pessoas dentre as quais essa vivência pode ser compartilhada por uma corporeidade em comum. Isso, contudo, não significa que a humanidade condenou especialmente – ontologicamente para ser preciso – as pessoas negras, provocando-lhes uma espécie de "morte social", como sustenta Wilderson III.[38] Não resta dúvida de que a tentativa colonial no Brasil moderno, como mostrei no final do primeiro capítulo, era de apagar a negrura pela promoção do pardo – na esperança de que o pardo se tornasse branco –, mas, justamente por não ser ontológica, a negrura compreende a experiência do pardo quando ele consegue se desembranquecer.

Seguindo as linhas de Sueli Carneiro, é preciso reafirmar que a "Identidade étnica e racial é um fenômeno historicamente construído ou destruído".[39,40] E aqui se trata de constatar a identidade branca, escondida no escudo do universal, para destruir a identidade negra. Isto é, trata-se de inscrever as pessoas brancas na identidade branca graças à qual a sua existência é um privilégio na mesma proporção que devemos trincar uma unidade negra essencial. Devemos fissurar a identidade que poderia ser capaz de obliterar a complexidade de nossas diferenças como corpos e vivências negras.

Quando nós, pardos, assumimo-nos como negros, há uma fissura radical no projeto da branquitude, porque se trata de um abandono desse projeto ou do ideal do ego branco por parte daquelas pessoas cuja corporeidade se adequava melhor às máscaras brancas e, em alguns contextos, poderia mesmo se confundir com ela, como se branca fosse. Não se trata de se ostentar

---

38. Wilderson III, 2021, p. 120.

39. Carneiro, 2011, p. 64.

40. Nesse sentido, é possível compreender o quilombo como a forma que a negritude assumiu para não se identificar e ser a diversidade de todos os diferentes povos que lhe compunham aqui no Brasil. É uma resistência que ganha uma conotação de ser abertura. É se fechar para se manter abertura, ser não identificado, ser na comunhão dos seus que em suas diferenças se reconhecem como diversas formas singulares de vivenciarem a experiência comum de ser negro.

uma identidade negra por meio da fabricação de um passado idílico, mas de uma ruptura com qualquer projeto identitário de branquitude e de uma ruptura com um orgulho de se parecer mais com quem coloniza do que com quem foi humilhado no processo de colonização. O ponto aqui é identificar a máscara branca para destruir o ideal do ego branco e, com isso, liberar o corpo negro para viver suas experiências singulares ou o modo singular como experiencia a própria resistência à identidade.

Nessa perspectiva, a minha crítica, diferentemente de Haider, não é de quem percebe na pele a extensão da plasticidade do racismo como uma tecnologia que atinge outros povos. Falo do horizonte de alguém a quem o racismo operou de tal modo que embotou a percepção, muitas vezes do próprio sofrimento, por meio de uma suposta continuidade com a branquitude que rigorosamente nunca existiu, a não ser no nível fantasmático da ideologia. O branco pode ser incorporado à branquitude, mesmo que não seja um branco euro-americano, como define Haider, mas o negro não pode ser branco, nem o branco pode ser negro.

O racismo em face das pessoas negras não é a única forma de racismo, como, aliás, já salientava Fanon, mas, quando dirigido às pessoas negras, ele não deixa alternativa nem para quem é negro, que será sempre racializado como inferior, nem para quem é branco, que nunca experimentará a condição de ser racializado como inferior.[41] Por isso, a questão que importa para o Brasil é como o racismo, chancelado epistemologicamente pela filosofia, funciona como ideologia que embota a própria percepção das pessoas negras a respeito de si mesmas, a respeito do próprio corpo.

Assim, por um lado, falo do horizonte de quem se torna negro porque identifica as máscaras com as quais a branquitude fabrica ideologicamente o ideal do ego, que só pode se aplicar plenamente a pessoas brancas, mas nunca às pessoas negras. Por outro, falo do horizonte de quem reconhece no seu corpo uma experiência comum

---

41. Fanon, 2020.

de ser racializado, a qual tem como objetivo cercear a minha singularidade, diferentemente do que ocorre com as pessoas brancas.[42]

Por isso, para me tornar negro é necessário, primeiro, abandonar a fantasia de que a máscara branca poderia me servir, ainda que apenas parcialmente, e entender que ela é uma identidade ou uma ideologia, como acentuava Neusa Santos Souza, que só pode se aplicar a pessoas brancas.[43] Depois, é necessário retirar do negro toda carga identitária e colonial, segundo a qual se construiu a imagem da negritude como um todo uniforme e monolítico.[44] Tornar-me negro não é adentrar numa ontologia e recriar um vocabulário que serviria de lastro semântico para uma identidade mais ou menos disfarçada. Tornar-se negro é entender e sentir a experiência comum de uma corporeidade que se constituiu como óbice ao processo colonial. Tornar-se negro é assumir uma corporeidade que nunca se entregou a uma identidade.

Quando as barras de ferro procuravam acertar nossos pés, pulamos, criamos frevo e giramos martelos novamente com os nossos pés para acertar quem nos perseguia. Quando tentaram nos fotografar, resistimos com um olhar insubmisso e desviamos nosso olhar da lente que tentava nos capturar.[45] Quando ditaram todas as regras para a identificação do negro, reconhecemo-nos como um atravessamento de culturas e suas complexidades. Quando disseram que seríamos um só povo, mostramos, num extenso continente chamado pelo nome do colonizador de América, como podemos ser diferentes e nisso singulares em cada lugar onde estamos nessa imensidão.

---

42. Carneiro, 2009, p. 47.

43. A constituição do ideal do ego no prisma da branquitude é a ideologia constituinte do racismo. Na sua sabedoria, Neusa Santos Souza nos ensina que "Para ser negro, entretanto, ser o melhor, a despeito de tudo, não lhe garante o êxito, a consecução do Ideal. É que o ideal do Ego do negro, que é em grande parte construído pelos ideais dominantes, é branco. E ser branco lhe é impossível" (Souza, 2021, p. 40).

44. Carneiro, 2011.

45. bell hooks apresenta o olhar como um lugar político em que o corpo negro se fez resistência à perspectiva colonizadora das representações do corpo negro (hooks, 2019, p. 217). Sobre o caráter colonial da representação das pessoas negras, importante conferir o trabalho de Barbosa (2021).

A negritude não é uma condição ontológica, mas uma experiência estética de se inscrever na resistência a uma identidade colonial. É um contraponto à categoria de raça. Em certo sentido, é um passo em direção à sua dissolução. Reconheço que participo da experiência comum de ser negro não apenas pelo racismo que me é imposto, mas porque experimento a rebeldia de me colocar na linha de frente da resistência de corpos insubmissos. Não há maior insubmissão do que nossos corpos viverem a singularidade de nossa existência.

A negritude não é uma linha ou um ponto, mas, sobretudo, uma roda. E na minha mente, o que ginga nisso, que, longe de ser final, é abertura para outras encruzilhadas, é um ditado iorubá: "Exu matou um pássaro ontem com a pedra que jogou hoje". Este livro escrito por um homem negro hoje matou o homem negro de ontem que se achava pardo. É um livro sobre o fim do pacto entre os pardos. Ele é uma travessia para a negrura.

POSFÁCIO

por Renato Noguera[1]

O que um estudo precisa trazer é vontade de construir um debate. *Negritude sem identidade: Sobre as narrativas singulares das pessoas negras*, de Érico Andrade, convida-nos para a razão de existir de uma pesquisa, enfrentar os desafios. O que temos de novo na cena política contemporânea? A violência continua sendo tanto etiqueta quanto ética das relações étnico-raciais. O projeto colonial precisou da produção de um fantasma; o fetiche se instalou numa espécie de dualidade. Tal como Frantz Fanon nos disse em *Pele negra, máscaras brancas*, argumentando que o racismo sempre foi um problema das pessoas brancas, uma espécie de "intranquilidade sexual" – expressão do próprio filósofo – está na base da violência racial. É importante um deslocamento do branco.

Os horrores da discriminação racial precisam ser abordados; não podemos deixar de reconstituir como chegamos até aqui. Érico Andrade dialoga com delicadeza e não deixa dúvidas: Fanon deu relevo à ferida narcísica da branquidade. Andrade narra seu percurso, convidando para uma conversa sobre o "tornar-se negro" da psiquiatra e psicanalista Neusa Souza. A sua jornada é uma maneira de contribuir com uma leitura sem disfarces de processos violentos de subjetivação negra, e como essa sujeição sempre foi combatida. Este livro dialoga com a esperança do reconhecimento. O ato de reconhecer é político e existencial. Nós estamos diante de uma contribuição de como o reconhecimento negro dialoga com identidades e singularidades. Nós estamos diante de um texto que ressalta a importância do olhar negro no espelho. Em poucas palavras, com doses

1. Escritor e professor de Filosofia da Universidade Federal Rural do Rio de Janeiro.

de coragem e generosidade, Érico Andrade nos contou a sua história de autoidentificação negra, articulando teoricamente como reconstruiu a sua imagem no espelho, apesar do projeto político-social da branquidade como norma.

REFERÊNCIAS BIBLIOGRÁFICAS

ALENCAR, José. *Cartas a favor da escravidão*. São Paulo: Editora Hedra, 2008.

ALMEIDA, Silvio. *Racismo estrutural*. São Paulo: Pólen, 2019.

_____. "Prefácio" in: HAIDER, Asad. *As armadilhas da identidade*. São Paulo: Veneta, 2019.

ANDRADE, Érico. "A opacidade do iluminismo: o racismo na filosofia moderna" in: *Kriterion*: Revista de Filosofia. Pernambuco, 2017.

_____. "A crítica de Nietzsche à moral kantiana: por uma moral mínima", *Cadernos Nietzsche*, v. 27, 2010, pp. 25-50.

_____. *Sobre losers*: fracasso, impotência e afetos no capitalismo contemporâneo. Curitiba: CRV, 2019.

_____. "O papel da abstração na instanciação na álgebra nas Regulae ad Directionem Ingennii". *Analytica* (UFRJ), v. 15, 2012, pp. 145-172.

_____. "A função do método de análise na constituição do argumento do cogito nas Meditações: uma leitura do cogito através da reductio ad absurdum", *Veritas*, Porto Alegre, v. 54, 2009.

ANDRADE, Érico e LAPORTE, Beatriz. "O sujeito disciplinar: uma análise das Regras para Direção do Espírito", *Cadernos Espinosanos*, v. 46, 2022, pp. 49-81.

APPIAH, Kwame A. *Na casa do meu pai*: a África na filosofia da cultura, trad. bras. de Vera Ribeiro. Rio de Janeiro: Contraponto, 1997.

AQUINO, Thiago. *A descoberta do cotidiano*: Heidegger, Wittgnestein e o problema da linguagem. São Paulo: Loyola, 2018.

AZEVEDO, Maria Cecília Marinho. "Quem precisa de Santo Nabuco?", *Estud. afro-asiát*, v.1 n. 23, jun. 2001. Disponível em: https://doi.org/10.1590/S0101-546X2001000100004.

AZEVEDO, Célia. *Onda Negra, medo branco*: o negro no imaginário da elite no século XIX. São Paulo: Annablume, 2004.

BAQUAQUA, Mohamah. *A biografia de Mohamah Garbo*. São Paulo: Uirapuru. 2017.

BARBOSA, Cibele. "O racismo velado no Brasil: interdição da imigração de negros nos anos 20", *Revista Insight Inteligência*, v. 90, 2021, p. 84.

_____. "Racismo estrutural", in: SVWAKO, José e RATTON, José Luiz (orgs.) *Dicionário dos negacionismos no Brasil*. Recife: CEPE, 2022.

BENTO, Cida. *O pacto da branquitude*. São Paulo: Companhia das Letras, 2022.

_____. "Branqueamento e branquitude no Brasil" in: CRONE, Iray; BENTO, Cida. *Psicologia social do racismo*: estudos sobre branquitude e branqueamento no Brasil. 6. ed. Petrópolis, RJ: Vozes, 2014.

BERNASCONI, Robert. "Will the Real Kant Please Stand Up. The Challenge of Enlightenment Racism to the Study of the History of Philosophy", *Radical Philosophy*, n. 117, 2003, pp. 13-22.

BONILLA-SILVA, Eduardo. *Racismo sem racistas*, trad. bras. de Margarida Goldsztajn. São Paulo: Perspectiva, 2020.

BORGES, Juliana. *Encarceramento em massa*. São Paulo: Jandaíra, 2019.

BOURGEOIS, B. *O pensamento político de Hegel*, trad. bras. de Paulo da Silva. Rio Grande do Sul: UNISINOS, 1999.

BUCK-MORSS, Susan. *Hegel, Haiti, and Universal History*. Pittsburgh: University of Pittsburgh Press, 2009.

BUTLER, Judith. *Relatar a si mesmo*: crítica da violência ética. São Paulo: Autêntica, 2015.

_____. *Vida precária*. Belo Horizonte: Autêntica, 2019.

_____. *Corpos em aliança e a política das ruas*: notas para uma teoria performativa de assembleia. São Paulo: Autêntica, 2018.

CARDOSO, Paulino Jesus F. *A luta contra a apatia*: estudos sobre a instituição do movimento negro na cidade de São Paulo (1015-1931). Itajaí: Casa Aberta, 2012.

CARDOSO, Rafael. *Modernidade em preto e branco*: arte, imagem, raça e identidade no Brasil 1890-1945. São Paulo: Companhia das Letras, 2022.

CASTRO, Eduardo V. *A inconstância da alma selvagem*. São Paulo: Ubu, 2020.

CASTRO-GÓMEZ, Santiago; EZE, Chukwudi, HENRY, Emmanuel; PAGET, Henry; MIGNOLO, Walter. *El color de la razón*: racismo epistemológico y razón imperial. Buenos Aires: Del Signo, 2014.

CARVALHO, José Murilo. *Os bestializados*: o Rio de Janeiro e a república que não foi. São Paulo: Companhia das Letras, 1987.

CARNEIRO, Sueli. *Racismo, sexismo e desigualdade no Brasil*. São Paulo: Selo Negro, 2011.

CÉSAIRE, Aimé. *Discurso sobre o colonialismo*. Lisboa: Sá da Costa, 1978.

CORRÊA, Mariza. *As ilusões da liberdade*: a escola Nina Rodrigues e a antropologia no Brasil. Rio de Janeiro: Fiocruz, 2013.

CONCEIÇÃO, Willian Luiz da. *Brancura e branquitude*: ausências, presenças e emergências de um campo de debate. Dissertação (mestrado). Universidade Federal de Santa Catarina, Centro de Filosofia e Ciências Humanas, Programa de Pós-Graduação em Antropologia Social, Florianópolis, 2017.

CUGOANO, Ottobah. *Thoughts and Sentiments on the Evil and Wicked Traffic of the Slavery and Commerce of the Human Species, Humbly Submitted to the Inhabitants of Great-Britain.* Inglaterra: Gale ecco (original 1787), 2010.

DESCARTES, René. *Ouvres Complètes.* Paris: Vrin, 1986.

DOMINGUES, Petrônio. *Uma história não contada*: negro, racismo e branqueamento em São Paulo no pós-abolição. São Paulo: Editora Senac São Paulo, 2004.

_____. "Movimento da negritude: uma breve reconstrução histórica". *África. Revista de estudos africanos,* n. 24-26, 2009. Disponível em: https://doi.org/10. 11606/issn.2526-303X.v0i24-26p193-210.

EQUIANO, Olaudah. *A interessante narrativa da vida de Olaudah Equiano.* São Paulo: Editora 34, 2022.

EZE, Emannuel C. Philosophy and the "Man" in the Humanities. *Topoi* v. 18, n. 1, 1999, pp. 49–58. Kluwer Academic Publishers. Printed in the Netherlands, 1999.

FANON, Frantz. *Pele negra, máscaras brancas.* São Paulo: Ubu, 2020.

_____. *Alienação e liberdade.* São Paulo: Ubu, 2020b.

_____. *Os condenados da Terra.* São Paulo: Ubu, 2022.

FERNANDES, Florestan. *A integração do negro na sociedade de classes*: no limiar de uma nova era. São Paulo: Contracorrente, 2021.

FREIRE, Jurandir. "Da cor ao corpo: a violência do racismo". Prefácio in: SOUZA, Neusa S. *Tornar-se negro, ou as vicissitudes da identidade do negro brasileiro em ascensão social.* Rio de Janeiro: Zahar, 2021.

FREUD, Sigmund. (1923) *"Dois verbetes de Enciclopédia". Edição standard brasileira das obras completas de Sigmund Freud.* Rio de Janeiro: Imago, 2006, v. XIX.

_____. (1925) "Resistências à psicanálise". *Edição standard brasileira das obras completas de Sigmund Freud.* Rio de Janeiro: Imago, 2006, v. XIX.

_____. (1930). O mal-estar na civilização e outros textos. in: Freud [1930-1936]. *Obras completas,* vol. 18. São Paulo: Companhia das Letras, 2010.

GARRETT, Aaron; SEBASTIANI, Silvia. Hume on the race. in: ZACK, Naomi (org.). *The Oxford handobook of philosophy and race.* England: Oxford Press, 2017.

GUIMARÃES, Antonio Sérgio A. *Racismo e antirracismo no Brasil.* São Paulo: Editora 34, 1999.

_____. *Modernidades negras*: a formação racial brasileira (1930-1970). São Paulo: Editora 34, 2021.

GOMES, Flavio; DOMINGUES, Petrônio. *Políticas da raça*: políticas e legados da pós-emancipação no Brasil. São Paulo: Selo Negro, 2014.

GOMES, Heloísa T. *O negro e o romantismo brasileiro*. São Paulo: Atual, 1988.

GONZALEZ, Lélia. *Por um feminismo afro-latino-americano*. São Paulo: Zahar, 2020.

HEGEL, G. W. F. *A razão na História*. São Paulo: Centauro, 2004.

_____. *Filosofia da História*. Brasília: Editora da UnB, 1999.

_____. *Filosofia do direito*. São Paulo; São Leopoldo: Loyola, Unisinos, 2009.

_____. *Grundlinien der Philosophie des Rechts*. Berlim: Akademie Verlag, 2005.

HEIDEGGER, Martin. *Introdução à metafísica*. Rio de Janeiro: Tempo Brasileiro, 1999.

HOBBES, Thomas. *Leviatã*, trad. bras. de Maria Beatriz Nizza da Silva e João Paulo Monteiro, São Paulo: Abril, 1983. (Coleção Os pensadores).

_____. *Do cidadão*. São Paulo: Martins Claret, 2008.

HOLLOWAY, Thomas. *A polícia no Rio de Janeiro*. Rio de Janeiro: FGV, 1997.

HOOKS, bell. *Olhares negros*: raça e representação. São Paulo: Elefante, 2019.

HUME, David. "Of National Characters (1748)" in: GREEN, T.H.; GROSE, T. (orgs.). *Essays*: Moral, Political and Literary. Londres: Longmans, Green and Co., 1875, v. 1, p. 252.

_____. *Uma investigação sobre os princípios da moral*, trad. bras. de José Oscas A. Marques. Campinas: Unicamp, 1995.

KANT, I. *Observation sur le sentiment du beau et du sublime*. Paris: Flamarion, 1990.

_____. *Observações sobre o sentimento do belo e do sublime*. Campinas: Papirus, 1993.

_____. *Ideia de uma história universal do ponto de vista cosmopolita*, trad. bras. de Ricardo Terra. São Paulo: Martins Fontes, 2010.

_____. *Crítica da razão prática*, trad. bras. de Valério Rohden. São Paulo: Martins Fontes, 2002.

_____. *Crítica da razão pura*. Lisboa: Fundação Calouste Gulbenkian, 2005.

_____. "Resposta à questão: 'O que é Esclarecimento?' ", trad. bras. de Vinícius Figueiredo. Disponível em: https://pt.slideshare.net/professor_tel/kant-resposta-questo-o-que-esclarecimento-75654928.

_____. *Fundamentação da metafísica dos costumes*. Lisboa: Edições 70, 2007.

JAMES, Daniel; KNAPPIK, Franz. "Exploring the Metaphysics of Hegel's Racism: The Teleology of the 'Concept' and the Taxonomy of Races". *Hegel Bulletin*, pp. 1 – 28. Published online by Cambridge University Press: 07 dez. 2022. Disponível em: https://www.cambridge.org/core/journals/hegel-bulletin/article/exploring-the-metaphysics-of-hegels-racism-the-teleology-of-the-concept-and-the-taxonomy-of-races/1EDA6C3107B924FE625EFA3EBE584F62 DOI: https://doi.org/10.1017/hgl.2022.38

JESUS, S. Alexandro. *Mau encontro, tradução e dívida colonial*. Recife: Titivillus, 2019.

_____. *Notas sobre a ferida colonial*. Recife: Titivillus, 2022.

LAJOLO, Marisa. *A figura do negro em Monteiro Lobato*. São Paulo: Lobatonegro, 1998. Disponível em: https://www.unicamp.br/iel/monteirolobato/outros/lobatonegros.pdf

LARRIMORE, Mark; EIGEN, Sara. *The German Invention of Race*. Nova York: State University of New York, 2006.

LEPE-CARRIÓN, Patricio. "Racismo filosófico: el concepto de 'raza' en Imanuel Kant", *Filosofia Unisinos*, v. 15. n. 1, 2014. Disponível em: https://doi.org/10.4013/fsu.2014.151.05.

LIVINGSTONE, David, N. "Race, space and moral climatology: notes toward a genealogy", *Journal of Historical Geography*, v. 28, n. 2, 2002, pp. 159–180. DOI: 10.1006/jhge.2001.0397.

LOBATO, Monteiro. Cartas. Publicado em Revista Bravo!. São Paulo: maio, 2011.

LOPES, Cristina; PEIXOTO, Katarina; PRICLANDNIZIKY, Pedro. *Latin American perspectives on woman philosophers in modern history*. Springer, 2022.

LOPES, Nei. *História e cultura Africana e Afro-Brasileira*. São Paulo: Planeta, 2010.

LU-ADLER, Huaping. "Kant on lazy savagery racialized". *Journal of the History of Philosophy*. USA: Johns Hopkins University Press, 2022, pp. 253-275.

LUGONES, María. "The coloniality of gender" *in: Worlds and knowledges otherwise*. Duke University. Disponível em: <https://globalstudies.trinity.duke.edu/wp-content/themes/cgsh/ materials/WKO/v2d2_Lugones.pdf>. 2008. Acesso em: 10 mar. 2022.

MACCARNEY, Joseph. *Routledge Philosophy Guidebook to Hegel on History*. Londres; Nova York: Routledge, 2000.

_____. Hegel's racism? A response to Bernasconi. *Radical Philosophy*, n. 119, 2003, pp. 32-35.

MACHADO, Maria Helena. "Atravessando a liberdade: deslocamentos, migrações e comunidades volantes na década da abolição" in: GOMES, Flavio; DOMINGUES, Petrônio. *Políticas da raça*: experiências e legados da abolição e da pós--emancipação no Brasil. São Paulo: Selo Negro Edições, 2014.

MALDONADO-TORRES, Nelson. "Sobre la colonialidad del ser: contribuciones al desarrollo de un concepto". in: CASTRO-GOMEZ, Santiago; GORSFOGUEL,

Rámon (Orgs.). *El giro decolonial Reflexiones para una diversidad epistémica más allá del capitalismo global*. Decolonial Translation, 2007.

M'BOKOLO, Elika. "O separatismo katanguense" in: AMSELLE, Jean-Loup e M'BO-KOLO, Elikia (orgs.). *No centro da etnia*: etnias, tribalismo e Estado na África. São Paulo: Vozes, 2017, pp. 235-283.

MBEMBE, Achille. *Necropolítica*, São Paulo: n-1 Edições, 2018.

_____. *Crítica da razão negra*. São Paulo: n-1 Edições, 2019.

MCCLINTOCK, Anne. *Couro imperial*: raça, gênero e sexualidade no embate colonial. Campinas: Editora Unicamp, 2018.

MELO, Alfredo Cesar B. "Raça e modernidade em Formação do Brasil Contemporâneo de Caio Prado Junior", *Revista Brasileira de Ciências Sociais*, v. 35, n. 102, 2020. https://doi.org/10.1590/3510215/2020.

MERCER, Kobena. "Black Haire/Políticas do estilo" in: *Histórias afro-atlânticas*: antologia. São Paulo: Masp, 2022.

MERLEAU-PONTY, Maurice. *Fenomenologia da percepção*, trad. bras. de Carlos Alberto Moura. São Paulo: Martins Fontes, 1996.

MIGNOLO, Walter D. *La idea de América Latina: la herida colonial y la opción decolonial*. Barcelona: Gedisa, 2005.

MILLS, Charles. *The contract racial*. Ithaca: Cornell University Press, 1997.

MORAES, Fabiana. *Nabuco em pretos e brancos*. Recife: Massangana, 2012.

MOREIRA, Adilson. *Racismo recreativo*. São Paulo: Pólen, 2019.

MOURA, Clóvis. *Sociologia do negro brasileiro*. São Paulo: Perspectiva, 2019.

MÜLLER, Maria Lúcia Rodrigues. "Professoras Negras no Rio de Janeiro: história de um branqueamento" in: OLIVEIRA, Iolanda (org.). *Relações raciais e educação*: novos desafios. Rio de Janeiro: LPP-UERJ/DP&A Editora, 2003.

MÜNANGA, Kabengele. *Negritude*: uso e sentidos. São Paulo: Autêntica, 2020.

NABUCO, Joaquim. *O abolicionista*. São Paulo: PubliFolha, 2000.

NASCIMENTO, Abdias. *O genocídio do negro brasileiro*: processo de um racismo mascarado. Rio de Janeiro: Paz e Terra, 2019.

NASCIMENTO, Beatriz. *Uma história feita por mãos negras*. Rio de Janeiro: Zahar, 2021.

NOGUEIRA, Oracy. "Preconceito racial de marca e preconceito racial de origem". *Tempo Social, revista de sociologia da USP*, v. 19, n. 1, 2006.

NOGUEIRA, Isildinha Baptista. *A cor do inconsciente*: significações do corpo negro. São Paulo: Perspectiva, 2021.

OLIVEIRA, Henrique S. *Os gatunos agem à vontade*: polícia, ciência e identificação criminal em Salvador (1911-1922). Salvador: UFBA, 2020.

PINKARD, Terry. *Hegel's Naturalism. Mind, Nature, and the Final Ends of Life*. Oxford: Oxford University Press, 2012.

PONTES, Joana Inês. "Kant e o conceito biológico de raça: pode a teoria monogenética racial de Kant ter futuro?". Disponível em: https://www.academia.edu/3839673/KANT_E_O_CONCEITO_BIOL\%C3\%93GICO_DE_RA\%C3\%87A_.

QUIJANO, Anibal. "Coloniality of power, ethnocentrism, and Latin America", *Nepantla*, v. 1, n. 3, 2000, pp. 533-580.

RAMOS, Guerreiro. *Uma introdução crítica à sociologia brasileira*. Rio de Janeiro: UFRJ, 1995.

RANCIÈRE, Jaques. *A partilha do sensível*. São Paulo: Editora 34, 2015.

REIS, J, João. "Identidade e diversidade étnicas nas irmandades negras no tempo da escravidão". Rio de Janeiro: *Tempo*, v. 3, n. 3, pp. 7-22, 1997.

RENNÓ, Leonardo. *Preconceitos generalizados ou protorracismo nos clássicos?* Um ensaio metodológico. São Paulo, 2022. (No prelo).

RODRIGUES, Nina. *As raças humanas e a responsabilidade penal no Brasil*. Rio de Janeiro: Guanabara, 1956.

RUFINO, Luiz. *Pedagogia das encruzilhadas*. Rio de Janeiro: Mórula Editorial, 2019.

SANGUINETTI, Federico. "Raça e Ratio: sobre a humanidade e o racismo em Hegel". *Revista Eletrônica Estudos Hegelianos* Ano. 18, n. 32, 2021.

SANTOS, Gislene Aparecida. *A invenção do Negro: um percurso das ideias que naturalizaram a inferioridade dos negros*. São Paulo: EDUC, 2005.

SANTOS, Ynaê Lopes. *Racismo brasileiro*: uma história da formação do país. São Paulo: Todavia, 2022.

SCHWARCZ, Lilian. *O espetáculo das raças*: cientistas, instituições e a questão racial no Brasil (1870-1930). São Paulo: Companhia das Letras, 1993.

SCHUCMAN, Lia V. *Entre o encardido, o branco e o branquiíssimo*: branquitude, hierarquia e poder na cidade de São Paulo. São Paulo: Annablume, 2014.

SHELL, K, Susan. "Kant's Conception of Human Race" in: *The German Invention of Race*. Albany: Suny Press, 2006.

SILVA, Denise Ferreira da. *Toward a Global Idea of Race*. Estados Unidos: Minnesota University, 2007.

SIMAS, Luiz Antonio. *Umbandas*: uma história do Brasil. Rio de Janeiro: Civilização Brasileira, 2021.

SKIDMORE, Thomas. *O preto no branco*. São Paulo: Paz e Terra, 1976.

SODRÉ, Muniz. *Pensar nagô*. Petrópolis: Vozes, 2017.

SOUZA, Neusa S. *Tornar-se negro, ou as vicissitudes da identidade do negro brasileiro em ascensão social*. Rio de Janeiro: Zahar, 2021.

STONE, Alison. "Hegel and Colonialism" in: *Hegel Bulletin*, 2017. DOI: 10. 1017/hgl. 2017. 17.

TOCQUEVILLE, A. *A democracia na América*. Belo Horizonte; São Paulo; Itatiaia: Editora da USP, 1977.

TRINDADE, Solano. *Poemas antológicos*. São Paulo: Nova Alexandria, 2007.

VALLS, Andrew (org.). "Race and racism" in: *Moderne Philosophy*. Ithaca: Cornell University Press, 2005.

VARGAS, João H. "Racismo não dá conta: antinegritude, a dinâmica ontológica e social definidora da modernidade". *Revista da Faculdade de Serviço Social*, Rio de Janeiro, 2020. Disponível em: https://www.e-publicacoes.uerj.br/index. php/revistaempauta/article/view/47201/31976.

VIANA, Oliveira. *A evolução do povo brasileiro*. Recife; Porto Alegre; Rio de Janeiro; São Paulo: Companhia Editora Nacional, 1938.

VIDAL, Claudine. "Situações étnicas no Ruanda" in: AMSELLE, Jean-Loup e M'BOKOLO, Elikia (Orgs.). *No centro da etnia*: etnias, tribalismo e Estado na África. São Paulo: Vozes, 2017, pp. 213-235.

VIEIRA, Anco Márcio Tenório. "Joaquim Nabuco e o canto das sereias dominantes", *Navegações*. v. 6, n. 1, pp. 114-121, jan./jun. 2013.

VOLTAIRE. *Essai sur les moeurs et l'esprit des nations*. Paris: 1775. Disponível em: http://doc.rero.ch/record/257678/files/v16.pdf.

_____. *Tratado de Metafísica*.São Paulo: Abril Cultural, 1978. (Coleção Os Pensadores).

XAVIER, Giovana. *A história social da beleza negra*. São Paulo: Roa dos tempos, 2021.

UZGALIS, William. John Locke, racism, slavery and Indian lands. in: ZACK, Naomi (Ed). *The Oxford handbook of philosophy and race*. England: Oxford Press, 2017.

WEST, Cornel. *Questão racial*, trad. bras. de Laura T. Motta. São Paulo: Companhia das Letras, 2009.

WILDERSON III, Frank B. *Afropessimismo*. São Paulo: Todavia, 2021.

Dados Internacionais de Catalogação na Publicação (CIP) de acordo com ISBD

A554n   Andrade, Érico

           Érico Andrade / Negritude sem identidade: sobre as narrativas singulares das pessoas negras. – São Paulo : n-1 edições, 2023.

           172 p. ; 14cm x 21cm.
           ISBN: 978-65-81097-75-2

           1. Racismo. 2. Negritude. I. Título

                                    CDD 320.56
2023-2057   CDU 323.14

Elaborado por Vagner Rodolfo da Silva - CRB-8/9410

Índice para catálogo sistemático:

1. Racismo 320.56
2. Racismo 323.14

n-1

O livro como imagem do mundo é de toda maneira uma ideia insípida. Na verdade não basta dizer Viva o múltiplo, grito de resto difícil de emitir. Nenhuma habilidade tipográfica, lexical ou mesmo sintática será suficiente para fazê-lo ouvir. É preciso fazer o múltiplo, não acrescentando sempre uma dimensão superior, mas, ao contrário, da maneira mais simples, com força de sobriedade, no nível das dimensões de que se dispõe, sempre n-1 (é somente assim que o uno faz parte do múltiplo, estando sempre subtraído dele). Subtrair o único da multiplicidade a ser constituída; escrever a n-1.

Gilles Deleuze e Félix Guattari

n-1edicoes.org

v. d5d2ec4